SPREEN

LO MEJOR Y LO PEOR DE INTERNET

El papel utilizado para la impresión de este libro ha sido fabricado a partir de madera
procedente de bosques y plantaciones gestionadas con los más altos estándares ambientales,
garantizando una explotación de los recursos sostenible con el medio ambiente y beneficiosa para las personas.

Spreen
Lo mejor y lo peor de Internet

Primera edición en España: noviembre de 2023
Primera edición en México: noviembre de 2023
Primera reimpresión: enero de 2024
Segunda reimpresión: febrero de 2024

D. R. © 2023, Iván Buhaje

D. R. © 2023, Penguin Random House Grupo Editorial, S. A. U.
Travessera de Gràcia, 47-49, 08021, Barcelona

D. R. © 2024, derechos de edición mundiales en lengua castellana:
Penguin Random House Grupo Editorial, S. A. de C. V.
Blvd. Miguel de Cervantes Saavedra núm. 301, 1er piso,
colonia Granada, alcaldía Miguel Hidalgo, C. P. 11520,
Ciudad de México

penguinlibros.com

D. R. © 2023, Sergio Parra, por la edición
D. R. © 2023, Candela Insua, por el diseño
D. R. © iStock, Freepik y Shutterstock, por las imágenes

ISBN: 978-607-383-242-7

Impreso en México – *Printed in Mexico*

SPREEN

IVÁN BUHAJE

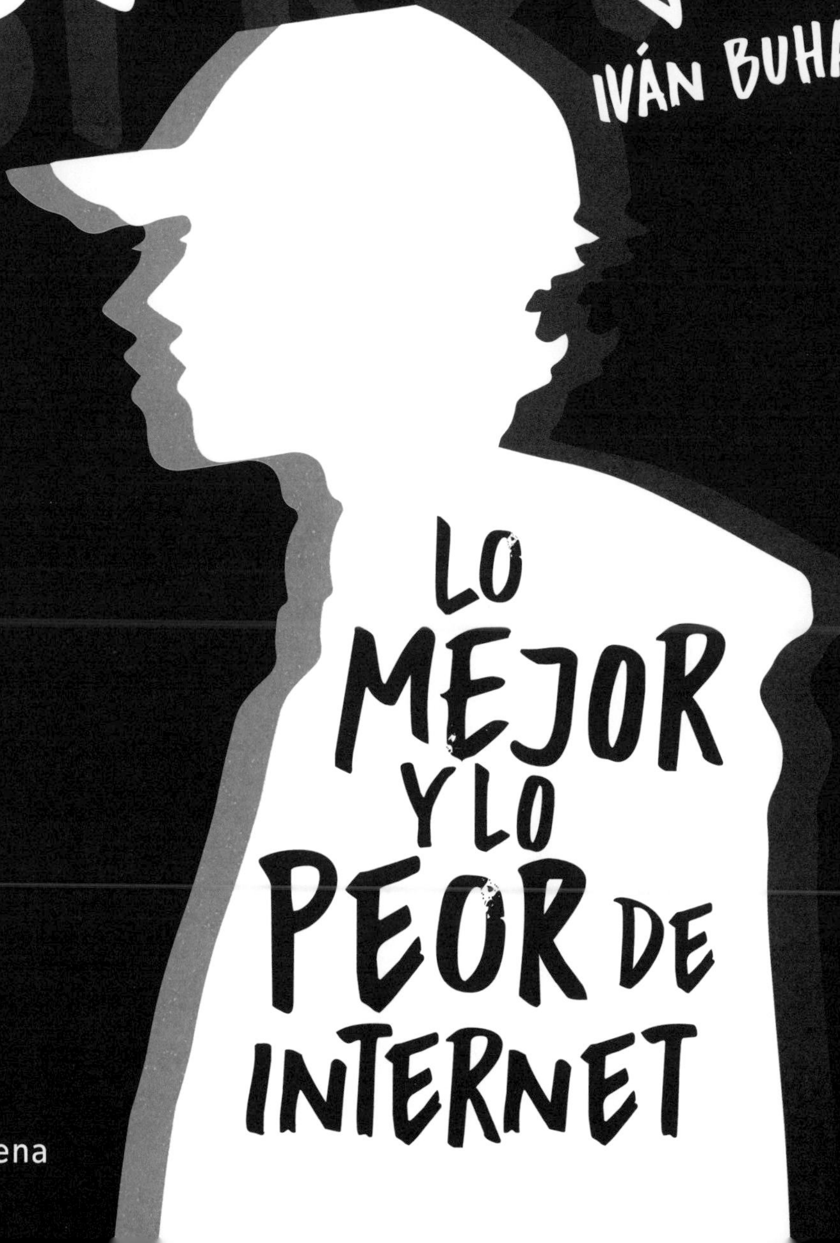

LO MEJOR Y LO PEOR DE INTERNET

montena

Dedicado a mis seguidores,
familia y amigos

INTRODUCCIÓN

BUENO, ARRANCO.

Mis palabras escritas en un libro.

Esperá... ¿Estas son mis primeras palabras escritas en un libro?

O sea, me dan la oportunidad de escribir un libro y ¿lo primero que escribo es justo esto?

En fin, perdón, soy nuevo en esto. Todavía estoy un poco nervioso. Tengo que ir acostumbrándome poco a poco a este nuevo formato, pero tranquilo, que al empezar el primer capítulo ya va a ir todo mucho mejor.

De hecho, me siento como en el primer video que grabé para internet. Ya pasó mucho tiempo. Y no solo me siento así por los nervios, sino también porque me solté y dije lo primero que me pasó por la cabeza.

Eso creo que fue lo más importante en mi vida como creador de contenido: **hacer lo que siento**.

Y parece que me funcionó, porque ahora mismo **estoy viviendo un sueño**.

¿CÓMO LLEGUÉ HASTA ACÁ? QUÉ LOCURA...

El Iván niño apenas lo puede creer.

PERO ES QUE LO BUENO DE INTERNET,
LO MÁS IMPORTANTE, ES QUE TODO ES POSIBLE.
ES COMO UN CUENTITO DE FANTASÍA DONDE
TUS SUEÑOS SE PUEDEN HACER REALIDAD.

(CUIDADO, TAMBIÉN TUS PEORES PESADILLAS).

(Y, como en el océano, hay desde basura apestosa hasta animales fluorescentes geniales).

Internet puede ser un océano de todo lo que te puedas imaginar. Y podemos bucear en él todo el tiempo que queramos. Incluso ya podés entrar en internet casi literalmente gracias a los lentes de realidad virtual. Es una sensación tan inmersiva que se podría decir que abandonás el mundo real y entrás en un mundo diferente.

LENTES DE REALIDAD VIRTUAL

Es cierto que los lentes de realidad virtual se remontan a los años cincuenta del siglo pasado, por no hablar del mítico Virtual Boy de Nintendo. Pero los recientes **Oculus Rift cambiaron todo**. Desde entonces la tecnología no hizo más que mejorar: ya podemos ver películas con los demás, interactuar en un mismo entorno, tener experiencias más reales, etc.

Y en el futuro… (oh, el futuro…) quizá ya ni siquiera haya una diferencia entre el mundo real e internet. Tal vez todos vivamos más en el metaverso que en el universo. Y, entonces, vamos a poder diseñar nuestro entorno y nuestra vida como más nos guste.

13

¿QUERÉS PONER A PRUEBA TU CREATIVIDAD?

En internet encontrarás mil formatos para probar: video, texto, foto, audio... No hay límites: ¡probalos todos!

o o o

¿QUERÉS APRENDER, PERO NO SABÉS POR DÓNDE EMPEZAR?

Sea cual sea el tema, en internet podés encontrar todo para formarte: aprendé con tutoriales, mirá videos, ¡y hablá directamente con los expertos!

o o o

¿TE GUSTA VIAJAR?

Internet te permite ir a cualquier destino, hablar con cualquier persona viva donde viva y en el idioma que quieras. Incluso podés viajar a lugares que no existen y que pueden ser tan interesantes como los reales.

o o o

¿ALGUIEN MENCIONÓ VIDEOJUEGOS?

Existen juegos que te sumergen en mundos, paisajes y lugares siempre cambiantes... ¡Prácticamente infinitos!

JUEGOS PROCEDURALES

Son juegos que generan contenido automáticamente sin necesidad de la intervención constante de creadores o diseñadores. Usan algoritmos para guiar la creación de forma automática, sin intervención humana, creando desde objetos simples hasta entornos complejos de forma casi infinita. Visualmente, es como imaginar las raíces de un árbol ramificándose una y otra vez. Esto ofrece variedad y una experiencia de juego más inmersiva. Un ejemplo es *No Man's Sky*, con un universo de más de 18 quintillones de planetas.

¿CUÁNTOS SON 18 QUINTILLONES?

UN 18 SEGUIDO DE 18 CEROS. O SEA:

18.000.000.000.000.000.000 MUNDOS PARA VISITAR Y EXPLORAR.

NI MIL VIDAS SERÍAN SUFICIENTES PARA HACERLO.

MAPA de
No Man's Sky

¡Queda mucho por construir!

MAPA de
Minecraft

31.700.000.000.000.000.000.000 km²   4.096.000.000 km²

Esto es internet. Y como cualquier cosa tan grande, tan inmensa y tan maravillosa, también tiene un lado B, un reverso tenebroso, un callejón oscuro.

De todo eso quiero hablarte en este, mi primer libro. De internet. De mí. De las cosas increíbles. Y también de las cosas más jodidas.

RISAS

TOXICIDAD

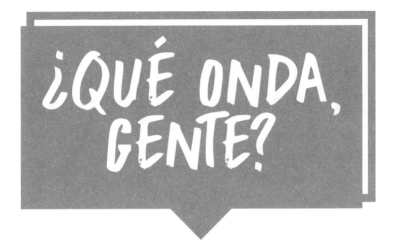

¿QUÉ ONDA, GENTE?

Espero que empieces bien este capítulo. Y, si no es así, espero que lo termines mucho mejor de cómo lo empezaste. Porque, no te voy a mentir, yo estoy en este libro para pasarla bien, igual que en internet. Para reírme, para entretenerme y entretener, para pasarla piola... **¿Es mucho pedir?**

Sé que el mundo a veces está para atrás, pero realmente en internet hay de todo para estar bien. Juegos, *streams*, tiktoks de gente bailando, videos de gatitos... O podés pasarte el día mirando la charla más aburrida del mundo sobre, yo qué sé, la historia de los tenedores en la cultura esquimal.

SI TENÉS UN MAL DÍA (O UNO BUENO), SENCILLAMENTE PODÉS ENTRAR EN INTERNET Y VER TODO TIPO DE MEMES.

¿QUIÉN FUE EL GENIO QUE LOS INVENTÓ?

Además, hay tantos memes que podrías pasarte la vida consumiéndolos sin que se agoten. Al revés, por cada meme que ves, se crean diez más. Cien más. **Y, encima, cada vez hay más tipos de memes, y memes de memes, y memes de memes de memes.**

Si entrás en sitios como Reddit, Know Your Meme o 9GAG tendrás memes para siempre..., aunque, en realidad, alcanza con que te des una vuelta por Twitter. Y, si no encontrás el que querés, ¡siempre podés crearlo vos!

Personalmente, los tipos de memes que más me hacen reír son los **shitpost**, es decir, los más tontos, sin sentido, sin objetivo. Cuanto más absurdos, más divertidos. Son memes hechos para ser irrelevantes, incoherentes. Son *mashups* de *mashups*. Errores buscados a propósito. *Spam* sin interés comercial.

Este es un ejemplo de *shitpost* sobre *shitpost*.

Atrás

También me gustan los memes viejos, los clásicos, como el *trollface*. Cuando era chico, fueron los que forjaron mi personalidad. Spreen es quien es, también, gracias a los memes.

Otro estilo de humor que me suele gustar mucho son los *Perfectly Cut*. Videos que se cortan en el lugar perfecto para que te den gracia. Una subdivisión de este tipo de videos son los *Perfectly Cut Screams*: alguien grita, pero se corta en el lugar perfecto.

QUIZÁ POR ESO TAMBIÉN MI COMUNIDAD COMPARTE MI MISMO HUMOR Y SE RÍE DE LAS MISMAS COSAS QUE YO.

Yo sí. O, al menos, eso intento. Soy una persona que suele reírse casi siempre, también de mí mismo, y creo que es algo que deberíamos hacer todos.

Sin embargo, no siempre es algo que nos pasa. Pudiendo ser felices, parece que preferimos tener mala onda, tanto dentro como fuera de internet. La toxicidad está en todas partes, pero lo importante es saber detectarla y... HUIR de ella.

En internet podés reírte, pero también podés pasarla mal. Sobre todo cuando dejás que los otros arruinen tu día.

GENTE TÓXICA HAY EN LA VIDA REAL IGUAL QUE EN INTERNET, EL PROBLEMA ES QUE EN INTERNET ES MUCHO MÁS FÁCIL HACERLA VISIBLE Y QUE ENTREN EN TU VIDA SIN CASI DARTE CUENTA.

Si tenés en tu vida alguien que no te aportá nada bueno, te alejás. Pero en internet todo el mundo tiene la libertad de decir lo que quiera y vos no podés hacer nada contra eso.

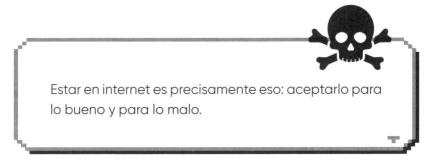

Estar en internet es precisamente eso: aceptarlo para lo bueno y para lo malo.

PERO ESTAR EN INTERNET TAMBIÉN ES OTRA COSA: ES SABER ENCONTRAR TU LUGAR.

Poco se habla de la toxicidad que sale de nosotros sin darnos cuenta. Empezás subiendo videos animado, la pasás piola grabando y editando.

Entonces llega el primer like.

Luego el segundo.

Y, de repente, tenés doscientos likes.

Bueno, no parece mucho, pero la primera vez que los alcanzás no podés creerlo.

LO QUE EMPEZÓ SIENDO PURA DIVERSIÓN SE CONVIERTE EN UNA ESPECIE DE COMPETICIÓN CON VOS MISMO.

"Si en el otro video alcancé mil likes,

voy a ir por los dos mil".

Y, cuando ves que podés, querés más. Tanto que a veces se puede convertir en una obsesión. Olvidás un poco que el objetivo era divertirse y te centrás en los números.

Todos quieren ser el número uno. Y así empiezan esos comentarios pasivo-agresivos y el ambiente se va cargando de toxicidad.

> Mi consejo es que no te dejes llevar por esa mala onda, que ellos digan lo que quieran, ya se van a cansar. Intentá centrarte en lo bueno, en todo lo que te hizo empezar en primer lugar.

Y, al final, tampoco te hagas mucho la cabeza.
No queremos mala onda.

Y cuanta más gente te ve, más comienzan los inventos. No hace falta ser muy ingenioso: con solo cortar un clip por donde quieras de un directo de 5 horas lo tenés hecho.

Tomá un clip de 2 segundos fuera de contexto y...

CLIP

Un clip es un fragmento corto extraído de un una pieza audiovisual más larga (ya sea un video, *stream*...). El clip pierde su contexto general cuando se recorta, y sin la información completa puede llevar a malentendidos o manipulaciones.

Es como si editaran una frase en la que digo "me enojé el otro día que me pidieron 10 fotos en el baño" y solo dejaran "me enojé el otro día que me pidieron 10 fotos". Ahí tenés el clip perfecto en el que parece que me enoja una cosa y es todo lo contrario: imaginate lo que podrían sacar de una conversación cualquiera, y más estando en *stream* durante tantas horas.

Es fácil enojarse con las personas tóxicas que hay en internet, pero ¿sabés qué hago yo para no darle tanta importancia?

NO ME ENOJO.

Sí, sé que suena un poco contradictorio: si algo te enoja, ¿cómo vas a hacer para que no te enoje? ¡No es tan fácil!

Es verdad que no es tan fácil, pero el truco creo que está en identificar el comportamiento tóxico no tanto como un intento de hacer daño, sino como una llamada desesperada por recibir atención.

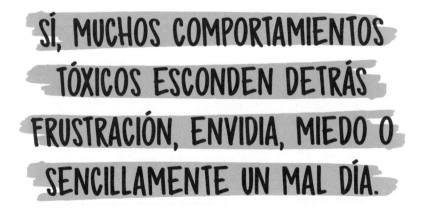

SÍ, MUCHOS COMPORTAMIENTOS TÓXICOS ESCONDEN DETRÁS FRUSTRACIÓN, ENVIDIA, MIEDO O SENCILLAMENTE UN MAL DÍA.

En realidad, si nos ponemos a pensar en los comportamientos tóxicos no deberían enojarnos tanto. Esas personas no la deben estar pasando tan bien y su manera de descargarse es tirando mala onda.

Lo mejor es tomárselo con soda. Seguramente si no les damos bola y respondemos tirando la buena, se van a calmar. Si el tóxico se pasa de la raya, siempre podemos bloquear y reportar.

NPC

Es la metáfora ideal para definir a alguien que vive en el mundo, pero no sabe interactuar con él. Alguien que parece un robot porque es cuadrado y limitado. NPC, en realidad, es un acrónimo en inglés que significa *Non-Player Character* y que se traduce como "personaje no jugador". Se refiere a un personaje dentro de un videojuego, simulación o mundo virtual, que es controlado por la inteligencia artificial del juego y no por un jugador humano. No seas una inteligencia artificial. Sé vos mismo.

DECÍ NO A LOS NPC.

El mundo está lleno de NPC. Por eso hay tantas personas que no entienden lo que es verdaderamente internet y entran en pánico. Creen que internet es el MAL. O que una nueva moda solo va a causar desgracias o aumentará la estupidez de la gente. Critican TikTok sin haber consumido TikTok.

¿ALGUNA VEZ TE PREGUNTASTE CÓMO ES QUE ESTA PLATAFORMA LOGRA MANTENERNOS ENGANCHADOS CON CONTENIDO QUE NOS ENCANTA? ¡LA RESPUESTA ESTÁ EN SU ALGORITMO!

TikTok utiliza un algoritmo de aprendizaje automático (*machine learning*) que se basa en una variedad de factores para determinar qué contenido mostrarte en tu "For You" o "Para ti" (la página principal de TikTok). Aunque la compañía no reveló todos los detalles sobre cómo funciona su algoritmo, sí compartió algunas ideas generales (aunque recordá que el algoritmo está en constante evolución y aprendizaje, por lo que puede cambiar con el tiempo).

1. INTERACCIONES: Las acciones que realizás en la plataforma, como dar "me gusta", compartir, comentar y seguir cuentas. Son señales que el algoritmo utiliza para determinar tus preferencias. Si interactuás con contenido de un tema específico, es probable que te muestren más contenido relacionado con ese tema.

2. INFORMACIÓN DEL VIDEO: el algoritmo también tiene en cuenta detalles como los *hashtags*, las palabras clave y la descripción del video. Estos elementos ayudan a categorizar el contenido y facilitan que el algoritmo te muestre videos relevantes.

3. INFORMACIÓN DEL DISPOSITIVO Y LA CUENTA: el tipo de dispositivo que utilizás, tu idioma y tu ubicación, entre otros factores, también influyen en el tipo de contenido que TikTok te muestra. Esto ayuda a personalizar la experiencia y a que aparezca contenido que pueda ser relevante para vos.

4. TIEMPO DE VISUALIZACIÓN: si ves un video hasta el final o lo repetís varias veces, el algoritmo interpreta que te gusta ese contenido. En consecuencia, te mostrará más videos similares en el futuro.

Tenés que saber que los creadores con pocos seguidores pueden llegar a ser virales si su contenido es atractivo. ¡Así que no pierdas la esperanza, pa!

Ya sabemos que internet está lleno de toxicidad y control. Pero acá estamos para reírnos y seguir con la mejor onda. Y yo para reírme tengo algo que no falla nunca:

HACER UN VIDEO DE "SI ME RÍO, PIERDO" QUE ESTÁ LLENO DE BUENOS MEMES.

*Por más quemado que esté no deja de ser divertido.

Los memes son lo mejor. Y encima son infinitos. Salen de todos lados, desde YouTube hasta Reddit. Incluso pueden salir memes de los propios juegos o torneos, como los de *Squid Games* o *TortillaLand*, que fueron épicos.

PERO... ¿DE DÓNDE SALIÓ EL PRIMER MEME?

EL PRIMER MEME

Know Your Meme, la base de datos más grande de estos fenómenos, afirma que el primer meme fue el *Star Wars Kid*. A finales de 2002, el canadiense Ghyslain Raza se grabó a sí mismo en su garaje, luchando contra hordas imaginarias con su palo de golf. Sin embargo, el adolescente no se percató de que había una toalla en el suelo, lo que provocó que se resbalara... ¡Meme asegurado!

teralmente, ¡yo tenía 2 años uando se creó este meme!

Si pudiera, te explicaría los tipos de memes que hay, pero es bastante difícil saberlo. Porque el mundo de los memes es siempre cambiante. Evoluciona rápido y de muchas formas, como un Pokémon.

Así que intentar hacer una clasificación de tipos de memes siempre va a ser un ejercicio bastante aproximado a lo que es en realidad. Pero igual podemos intentarlo. Hay memes de:

- **IMÁGENES MACRO.** Se crean a partir de una imagen con un texto añadido en la parte superior e inferior: el meme del chico que mira a una chica, el de "O RLY?" (Oh, really).

- **REACCIONES.** Se utilizan para expresar una reacción o sentimiento: el meme de la risa malvada o el del mono que mira de reojo.

- **VIDEOS.** Se crean a partir de clips de videos o películas, donde se añade un texto o una canción de fondo para crear un momento cómico: el meme del bebé bailando, el Harlem Shake o el Mannequin Challenge.

• **CULTURA POPULAR.** Se basan en la cultura popular, como películas, programas de televisión, música, etc.: el meme de "soy inevitable" de *Avengers*, el de "winter is coming" de *Game of Thrones*.

• **ANIMALES.** Se basan en imágenes o videos de animales que se vuelven virales: el meme del gato con gafas, el del perro con un sombrero de cumpleaños.

• **TENDENCIAS.** Se vuelven populares por un período de tiempo corto y después desaparecen: el meme "Harlem Shake".

• **HUMOR NEGRO.** Utilizan temas tabú o controvertidos. Este tipo de humor yo lo uso mucho con gente de confianza, porque no sé cómo se lo puede llegar a tomar todo el mundo y suele tocar temas sensibles. Pero, cuando estás en sintonía con un grupo de amigos y sale este tipo de humor, todos estallan. Acá no damos ningún ejemplo por obvias razones.

REGLA DE ORO NÚMERO 1:

Si sumás risas, las risas se multiplican exponencialmente.

REGLA DE ORO NÚMERO 2:

Si alguien es un completo desconocido, pero prota-
goniza un *blooper* que te deja sin aire de tanto reír,
entonces pasa a ser conocido a nivel mundial en
cuestión de horas o días.

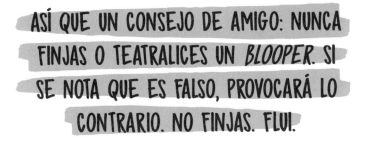

ASÍ QUE UN CONSEJO DE AMIGO: NUNCA
FINJAS O TEATRALICES UN *BLOOPER*. SI
SE NOTA QUE ES FALSO, PROVOCARÁ LO
CONTRARIO. NO FINJAS. FLUI.

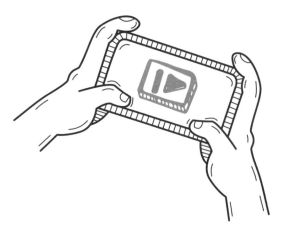

Y no olvidemos las **p a r o d i a s** : todo puede ser una parodia, incluso una parodia de una parodia, o una parodia de una parodia de una parodia... Bueno, ya me perdí, pero entendés la idea, ¿no? Estas son unas buenas colecciones para entretenernos los próximos mil años:

BAD LIP READING. Este canal de YouTube hace parodias de diferentes eventos, programas de televisión y películas, agregando diálogos inventados y ridículos que parecen encajar perfectamente con las imágenes.

LITERAL MUSIC VIDEOS. En estos videos se toma una canción popular y se le cambia la letra para que describa literalmente lo que está sucediendo en el video original de la canción.

THE KEY OF AWESOME. Este canal de YouTube presenta parodias musicales de artistas populares y videos virales de internet con letras y coreografías divertidas.

HONEST TRAILERS. En esta serie de videos se hacen parodias de tráilers de películas populares, exponiendo sus clichés y problemas de forma cómica.

THE ONION. Este sitio web de noticias falsas crea parodias de las noticias y la cultura popular, con artículos y videos que son absurdos y exagerados.

SCREEN JUNKIES. Como Honest Trailers, este canal de YouTube también presenta parodias de películas y programas de televisión, como la serie *Pitch Meeting*, donde se burlan de los agujeros en la trama y las decisiones extrañas en el guion.

A VER, GENTE, ES SU TURNO

Ok, basta de teoría. ¿Querés crear memes? ¿Querés hacer de internet un lugar más divertido? ¿Querés reírte mientras creás memes a la vez que hacés reír a los demás? ¿Querés que yo me ría? Entonces acá te dejo este MEME STARTER PACK para que empieces ya:

1. **Imágenes de stock:** podés encontrar imágenes gratuitas para crear tus propios memes en sitios web como Pexels, Unsplash o Pixabay.

2. **Programas de edición de imágenes:** hay varias opciones gratuitas y disponibles en línea, como Canva, GIMP o Pixlr. Estas herramientas te permitirán modificar las imágenes que elijas y añadir texto.

3. **Gifs:** son muy populares en los memes. Podés buscar en Giphy o Tenor para encontrar gifs animados que se adapten a tu idea.

4. **Emojis:** podés usarlos para agregar expresividad y humor a tus memes. Hay una gran variedad en Emojipedia o en la aplicación de emojis de tu teléfono.

5. **Frases o subtítulos:** pensá en frases cortas y graciosas que puedan encajar con la imagen o el video que hayas elegido. También podés utilizar subtítulos de películas o series para crear un meme.

6. Y, cuando tengas todo esto, poné en marcha tu glándula cerebral para crear memes.

Escribí lo que quieras en estos dos memes para que sean 100%
únicos y etiquetame, así los puedo ver.

LOVE

Empecemos por lo más básico. Lo que todo el mundo ve: en internet...

O TE QUIEREN O TE ODIAN.

COMO EN LA VIDA EN GENERAL.

Fin de la historia.

Pero el capítulo no puede terminar acá, ¿no?

En internet hay una especie aparte: *los haters*. Y acá hay de todo. Gente que critica tus videos porque sí, gente que te insulta en los directos, *bots* que te reportan... Lo más gracioso de los *haters* es que son muy poco creativos: siempre dicen y hacen lo mismo, con insultos, frases como:

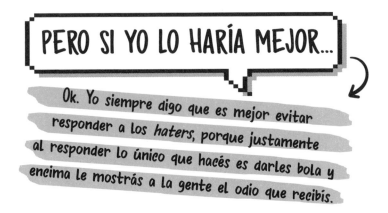

PERO SI YO LO HARÍA MEJOR...

Ok. Yo siempre digo que es mejor evitar responder a los *haters*, porque justamente al responder lo único que hacés es darles bola y encima le mostrás a la gente el odio que recibís.

En el fondo, un *hater* y un *bot* están cortados por la misma tijera.

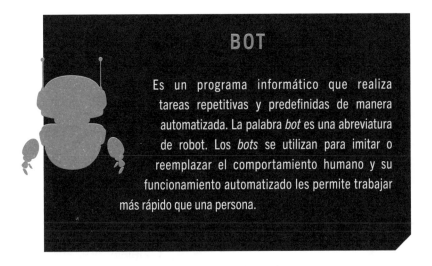

BOT

Es un programa informático que realiza tareas repetitivas y predefinidas de manera automatizada. La palabra *bot* es una abreviatura de robot. Los *bots* se utilizan para imitar o reemplazar el comportamiento humano y su funcionamiento automatizado les permite trabajar más rápido que una persona.

Lo mejor (y lo peor) es que para tener *haters* ni siquiera hace falta tener una comunidad: con solo abrir la boca para decir cualquier cosa en internet (o escribirla) ya alguien va a opinar en contra. Además, con una pantalla delante es mucho más fácil decir las cosas.

¿Te imaginás a la gente haciendo los mismos comentarios que dejan en internet, pero cara a cara?

Algunos intentan ir más a lo íntimo. Se meten en tu vida personal. Incluso con tu familia. Buscan tu punto débil y lo atacan.

> Reconozco que las primeras veces que recibí mensajes de odio fue muy duro. No entendía la razón de tanto desprecio. ¿Qué había hecho yo de malo? Y más duro fue ver cómo seguían a miembros de mi familia y también los atacaban. Porque me sentía muy culpable de que ellos la pasaran mal por mi proyección en internet.

Este tipo de *hate* es el peor. El más duro. El más insensible. El más irracional. Son casos peligrosos en los que se sobrepasa la línea del simple *hateo* y empiezan las locuras. Algunos ni siquiera buscan hacer daño y listo, sino que son seguidores y quieren llamar tu atención, provocar una interacción, formar parte de tu vida (aunque sea para mal).

Cuando un pibe sabe tanto de vos, incluso cosas muy íntimas, te preguntás:

¿ES HATER O ES FAN?

Pero, bueno, no dramaticemos. Hay gente molesta y *haters*, pero esto es solo una gota en el océano. Y ¿sabés cuál es la mejor forma de combatirlos? No darles bola. Enfrentar todo sabiendo que es una persona random de internet.

Afortunadamente, también existen las palabras lindas. Tanto de la comunidad como de gente educada. Como esa vez que Ibai dijo en su *stream* que mi manera de jugar era adictiva de ver.

O esos miles de comentarios de gente que solo tiene cosas buenas para decir de vos. Ejemplo:

> Diego Castillo Sánchez
>
> Bien, es cierto que Spreen tiene un carisma especial con los *viewers* y con los demás jugadores, siempre busca cómo ayudarlos y hacerlos parte de sus roles/eventos, por eso todo el mundo lo quiere y le gusta tenerlo cerca, todo lo que está consiguiendo se lo tiene más que merecido.

NUNCA ME VOY A OLVIDAR DE LA PRIMERA VEZ QUE ME CRUCÉ POR LA CALLE CON UN SEGUIDOR DE MI CANAL.

Cuando trabajás en internet, parece que todo tiene que pasar en internet. En ese momento, encontrarme con un fan en la calle fue como un salto entre realidades.

Por aquel entonces, yo todavía no había mostrado mi cara en un video, solo alguna foto, así que aún era difícil que alguien me reconociera. Pero, cuando llegué a los 70-80.000 suscriptores, por fin me mostré en internet. Poco

después, mientras estaba saliendo del colegio, se me acercó un chico que salía de un gimnasio. Yo iba con los auriculares y él me siguió unas cuadras. Por mi cabeza no llegó a pasar la idea de que era alguien que me había reconocido, sino que simplemente iba en la misma dirección que yo.

Y entonces me tocó la espalda, me saqué los auriculares y me dijo:

¿VOS SOS SPREEN?

Él dudaba bastante porque yo apenas había mostrado mi cara, así que le dije que sí. Nos quedamos ahí conversando y, al final, me pidió una foto juntos. Fue la primera vez que alguien me pedía una foto. Fue una sensación muy rara, pero a la vez muy linda.

La cosa no quedó ahí. Poco a poco, mi popularidad en la calle fue escalando porque cada vez mostraba más mi cara. Tanto es así que en la escuela hasta empezaron a pedirme autógrafos. Los primeros fueron unos pibes que eran tres años más chicos que yo. Pero les daba mucha vergüenza pedírmelo, y para mí también era raro, así que fue todo muy divertido.

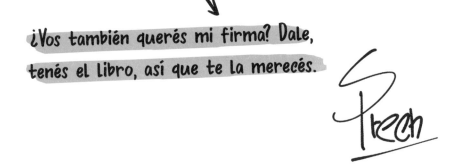

¿Vos también querés mi firma? Dale, tenés el libro, así que te la merecés.

Nunca me voy a olvidar de la primera vez que me pidieron una foto ni de la primera vez que me pidieron un autógrafo.

INTERNET TAMBIÉN ES REAL.

Yo no había hecho nada en la tele, ni en la radio, ni en las revistas. Solo había prendido una cámara en mi cuarto. Y, sin embargo, los pibes que me seguían, y que yo no conocía, querían hablar conmigo.

Estas pequeñas experiencias multiplican por mil millones cualquier experiencia de *hate* que haya podido recibir como creador de contenido.

Pero que todo esto no te haga pensar que me rompo con cualquier mala palabra. Ni hablar. Las críticas son necesarias. Las críticas constructivas, las críticas educadas, pueden ayudar a crecer a una persona. Estoy dispuesto a escuchar qué hago mal y vos también deberías hacerlo. ¿Sabés por qué? Porque las críticas constructivas:

1. **Ayudan a mejorar:** permiten identificar los puntos débiles en el trabajo o desempeño de una persona, lo que a su vez hace posible trabajar en ellos y mejorar en el futuro.

2. **Fomentan el aprendizaje:** pueden ofrecer nuevas perspectivas y formas de abordar un problema, lo que puede llevar a un mayor aprendizaje y crecimiento.

3. **Aumentan la autoconciencia:** también pueden ayudar a las personas a reconocer sus propias limitaciones y debilidades, lo que les permite trabajar en ellas y mejorar su rendimiento general.

4. **Fortalecen las relaciones:** pueden ser una forma de comunicación con los demás. Si se ofrecen de manera respetuosa y bien intencionada, pueden mejorar la comunicación y fortalecer la confianza y el respeto mutuo.

Si las críticas son con buena onda, se nota. Es fácil no herir con una crítica. Solo pensá lo que a vos te dolería que te dijeran que eso que te gusta tanto hacer en realidad es una boludez. Podés explicar la razón por la que no te gusta, qué se podría hacer para mejorar y un largo etcétera.

Acá la posta es que nunca debemos olvidar que todos tenemos nuestros propios gustos. Lo que a mí me parece gracioso a vos te puede resultar indiferente. Y viceversa.

EL MUNDO SERÍA DEMASIADO ABURRIDO SI A TODOS NOS GUSTARA LO MISMO.

Y de eso se trata también internet, de que te juntes no solo con los que te dan amor en vez de *hate*, sino también con los que ven las cosas parecidas a vos. Con los que disfrutás de lo mismo. El mundo es muy grande e internet es millones de veces más grande.

Hay sitios para todos.

Cada uno tiene su lugar en el mundo. Cada uno tiene su lugar en internet. Solo hace falta buscar un poco... y encontrarás tu comunidad.

Sé feliz viviendo tu vida, con tu gente y en tu mundo. Solo vos sabés cómo hacerlo mejor.

SI CRITICÁS, QUE SEA PORQUE QUERÉS ESTAR AHÍ Y ENTONCES QUERÉS QUE TODO MEJORE. TAMBIÉN PARA VOS.

Por eso mi comunidad es la que me mantiene motivado para hacer lo que hago. Spreen no existiría sin la comunidad. Es verdad que hay creadores de contenido que no tienen comunidad y les va bien. Pero no es lo que me gusta.

A MÍ ME GUSTA LA SENSACIÓN DE QUE HACEMOS ALGO MÁS GRANDE JUNTOS.

Que haya ciertas personas que ya las reconozco con solo leer su nombre. Que exista cierta familiaridad. Incluso, a la mayoría, los considero amigos. Porque me dan confianza para hablar abiertamente, como si estuviera en la intimidad. Eso hace que a veces se me escapen insultos y todo, y eso es lindo, porque soy como sería con un grupo de amigos en casa.

AMO A MI COMUNIDAD.

A pesar de todo lo que te dije, todavía hay gente que prefiere la toxicidad, y reconozco que a veces tuve que tomar decisiones que no me gustan para evitarla.

Y esto es algo que muchas veces pasa en los *streams* en vivo en plataformas como Twitch.

¿POR QUÉ? BUENO, NO HAY UNA RAZÓN.

O, al menos, no sería capaz de asegurar ninguna razón. Pero sí pasa que, además de haber usuarios con mala onda, una de las cosas que más *triggerea* a los creadores de contenido y sus fans son los números. Es decir, cuánta gente te está viendo en directo.

Lo sé porque a mí me pasó. En Twitch, subí muy rápidamente el número de *viewers* en los últimos meses, superando incluso la comunidad de algunos de los grandes. Sobre todo gracias a series como *TortillaLand*. Eso hizo enojar a mucha gente. Y recibí mensajes del tipo:

> "No se lo merece" o "Solo estás ahí porque estás de moda".

También otros reciben mensajes del tipo:

> "Ey, ¿ya te diste cuenta de que Spreen te ganó?".

Parece que muchos quieren alimentar nuestra competitividad, hacer correr sangre, para que nos enfrentemos. Para que aflore la toxicidad.

A pesar de que tengo fe en que en internet hay sobre todo buena onda, o precisamente por eso, evité algunas situaciones que creía que harían saltar la toxicidad por los aires, como, por ejemplo, buscar la competitividad con el PvP.

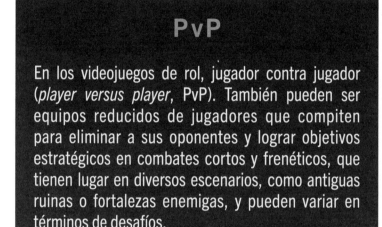

PvP

En los videojuegos de rol, jugador contra jugador (*player versus player*, PvP). También pueden ser equipos reducidos de jugadores que compiten para eliminar a sus oponentes y lograr objetivos estratégicos en combates cortos y frenéticos, que tienen lugar en diversos escenarios, como antiguas ruinas o fortalezas enemigas, y pueden variar en términos de desafíos.

Así que el consejo que les puedo dar a todos, pero sobre todo a mi comunidad, es este:

✗ NO SEAN TÓXICOS.

✓ SEAN AMABLES.

Y, si nada de eso te sirve, podés ir a otro mundo donde
te entiendan. Hay espacio para todos:

NO ES OBLIGATORIO QUE A TODOS NOS GUSTE LO MISMO.

Y, al final de cuentas, si aún tenés que soportar una banda de
hate, sacale importancia. Nada es tan importante. Ni tu opinión
ni la del que te envía *hate*. Todas son maneras de ver y de vivir. Cada uno tiene sus razones y sus apreciaciones. Intentá volar
alto y no fijarte tanto en los detalles. Prestá atención solo a esas
cosas que sean importantes para vos y disfrutalas, escu-
chate solo a vos y que todo lo que te rodea (incluso el
hate) te aporte.

Bienvenido a mi técnica favorita para combatir el
hate:

DARLE LA VUELTA.

Mirá este tuit que tengo fijado en mi Twitter:

Quizá no sea un ejemplo de puro *hate*, porque es un tuit muy raro. Primero me adora y luego me odia. Está mal escrito, no hay comas, parece escrito por una persona loca. Pero no importa. Lo importante acá es que no me cayó mal. Al revés:

¡ESTE TUIT ES BUENÍSIMO!

Y me hace reír cada vez que lo leo.

Por eso lo terminé poniendo en mi Twitter. No solo es una declaración de intenciones sobre lo que opino sobre el *hate* (que podemos anularlo y quitarle su poder muy fácilmente), sino que también puede ser una fuente de diversión y buena onda.

Solo con una actitud distinta se puede lograr que un mensaje destructivo se convierta en algo divertido. En una fuente de placer. Incluso se puede crear nuevo contenido con él (idea para video: recopilación de los mejores insultos que recibas).

Solo con la actitud podés desdramatizar el drama. Solo tomándote un poco menos en serio, los demás no tendrán ningún poder para vos. Si te reís, desarmás. Que reírte sea tu mejor escudo para debilitar el *hate*.

Un gran ejemplo de todo este esfuerzo por reconducir el *hate* fue **"R a t i o"**, un video musical que me dedicó JuanSGuarnizo en respuesta a mi video **"A casa pete"**, donde le solté frases como que buscara una vida y dejara de depender de Ari para "subir hasta el top". JuanSGuarnizo, por su parte, me lanzó un "no tienes talento, solo un corriente prepotente, solo cubos es lo que tienes en la mente". Son intercambios rapeados de los mensajes que estuvimos soltando durante semanas, todos en una misma canción e interpretados por nosotros mismos.

"NOS LLEVAMOS BIEN, ES PURO SHOW"

es la frase clave para todo esto. Son cargadas de buena onda. Un ***beef fake***. Somos amigos y nos bardeamos. De no tomarse demasiado en serio ninguno de los dos. Mejor que cualquier terapia.

Pero que todo esto no quede solo en el mundo *online*. En el mundo *offline* también hay *hate* y esta manera de afrontarlo resulta igualmente poderosa. Porque la gente es básicamente igual tanto dentro como fuera de internet.

Por ejemplo, con frecuencia me dicen que duermo mucho. Y no me extraña, porque mirá algunos de mis tuits recopilados:

¿Qué hago yo? Pongo que duermo una siesta y que después prendo el directo.

Si te reís de lo malo, no te lo van a decir más. Si te decís a vos mismo lo malo, los demás no sabrán qué decirte. Se darán cuenta de que sos invulnerable. Porque nada hay más peligroso que alguien que no se toma demasiado en serio a sí mismo.

TAMBIÉN FUI A LOS PREMIOS ESLAND EN PIYAMA, COMO UNA PERSONA DE BIEN.

No se ve, ¡pero estaba en pantuflas!

MODERADORES

A pesar de todos los intentos que podés hacer por blindarte contra el *hate*, a veces no queda otra que suprimirlo para que no interfiera demasiado en un directo. Eso es lo que pasa en Twitch. Como los directos pueden ser una jungla donde todo el mundo puede entrar y decir lo que le salga de la cabeza, la cosa se puede descontrolar mucho. A veces viene gente que solo quiere molestar, otros quizá están aburridos y frustrados, y necesitan llamar la atención. Por esa razón, no queda otra alternativa que regular un poco los comentarios que se hacen en los directos. No es censura, solo es un poco de orden para que nadie salga lastimado y la experiencia del resto de los visitantes sea agradable.

LOS MODERADORES SON VOLUNTARIOS SELECCIONADOS POR EL *STREAMER* PARA AYUDAR A GESTIONAR EL CHAT, Y TIENEN LA TAREA DE ASEGURARSE DE QUE LAS REGLAS Y PAUTAS DE LA COMUNIDAD SE SIGAN.

Entre las responsabilidades de los moderadores de Twitch se encuentran:

- MONITOREAR EL CHAT Y ELIMINAR MENSAJES QUE INFRINJAN LAS REGLAS DE LA COMUNIDAD, COMO EL LENGUAJE OFENSIVO, EL ACOSO O LA DISCRIMINACIÓN.
- MANTENER UN AMBIENTE RESPETUOSO Y SIN CONFLICTOS.
- AYUDAR A LOS USUARIOS A RESOLVER CUALQUIER PROBLEMA TÉCNICO O DE USO DEL SITIO.
- ASEGURARSE DE QUE EL *STREAMER* PUEDA CONCENTRARSE EN SU CONTENIDO, SIN DISTRACCIONES NI INTERRUPCIONES EN EL CHAT.

En resumen, los moderadores de Twitch tienen como objetivo hacer que la plataforma sea un lugar seguro y agradable para los *streamers* y los espectadores, fomentando una comunidad de interacción y entretenimiento positivo y respetuoso. Son muy pocos los que pueden destruir el directo, POQUÍSIMOS, pero una sola chispa puede hacer arder todo.

ESTA PÁGINA SE LA VOY A DEDICAR A LOS MODERADORES DE TWITCH

En primer lugar quiero agradecerle a cada uno de los mods que con su compromiso y dedicación hacen un trabajo fundamental para todos los creadores de Twitch. Un trabajo silencioso y sin paga, pero que tiene como recompensa el cariño y respeto de la gente.

Ellos son los encargados de mantener el orden y el funcionamiento de los canales y el chat: eliminan los comentarios ofensivos, banea gente desubicada, comunican las novedades, hacen clips y están atentos a todas las necesidades vinculadas con la creación de contenido en cada uno de los *streams*.

Estas palabras van dedicadas a todos los moderadores, pero en especial para los que me acompañan a mí. Los nuevos, los viejos, los que están, los que se fueron y los que volverán porque las puertas de esta comunidad están siempre abiertas.

Y si no quieren volver, que vayan a laburar. Nah, mentira, los re banco y siempre voy a estar para lo que necesiten.

Abrazos.

CONOCER
AMIGOS

FALSEDAD

Internet es como una sala enorme del metaverso de *Habbo*, pero multiplicado por infinito. Podés conocer a quien sea, donde sea, como sea, desde donde sea.

Estoy en mi casa de Santa Fe y puedo jugar con alguien que vive en China, a la vez que veo un *stream* de alguien que está en Australia, y mientras estoy charlando con alguien de España. Ahora nos parece normal, pero hace veinte o treinta años era una locura pensarlo.

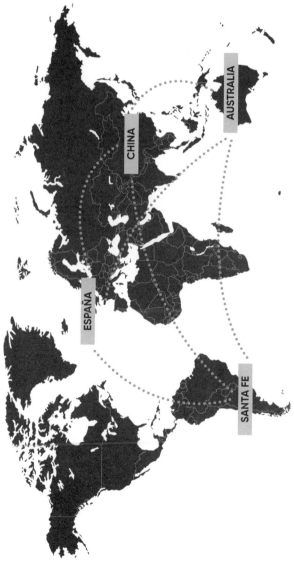

¡Internet incluso tiene su propio universo sin fronteras: el metaverso!

METAVERSO

Es como una versión superavanzada de los videojuegos que podés jugar en línea. Imaginá que entrás en un mundo virtual en el que podés explorar lugares, conocer gente y hacer cosas divertidas con tus amigos, ¡todo desde la comodidad de tu casa! Es como si pudieras entrar en un mundo imaginario en el que tenés la posibilidad de hacer lo que quieras, y todo parece real porque te podés mover y hacer cosas con tus propias manos a través de un control o un dispositivo. Es posible que hayas escuchado sobre juegos como *Habbo*, *Minecraft* o *Roblox*, pero en un futuro el metaverso ofrecerá una experiencia todavía más inmersiva y completa.

Está bien, sí, en el mundo real también podés conocer personas. Te podés inscribir en una asociación de, no sé, aficionados al cine y hacer amigos. Incluso podés conocer a alguien en el boliche o hasta en la cola del súper.

Pensá en el siguiente test:

PRIMERA PREGUNTA:
¿CUÁNTAS PERSONAS PODÉS LLEGAR A CONOCER EN TODA TU VIDA?

SEGUNDA PREGUNTA:
¿CUÁNTOS KILÓMETROS CUADRADOS A LA REDONDA PODÉS RECORRER EN UN DÍA NORMAL?

Aquí van las respuestas:

- **Primera pregunta:** si somos más de ocho mil millones de personas en el mundo, solo vas a conocer al 0,0001% de la humanidad en toda tu vida. ¿Cómo sabés si conociste a las personas que más sintonizan con vos?

- **Segunda pregunta:** solo recorrés en promedio un kilómetro cuadrado alrededor de tu casa. Y si sos *streamer*, quizá ni siquiera salís durante varios días.

CONFIESO QUE ACABO DE INVENTAR LAS RESPUESTAS, PERO SEGURO QUE SE APROXIMAN MUCHO A LA REALIDAD.

Lo que te quiero transmitir es que, con internet, podés hablar potencialmente con toda la humanidad y desplazarte por todo el planeta Tierra. Es como tener un altavoz que llega a cualquier lugar y una máquina para teletransportarte adonde se te cante (siempre que tengas conexión).

PERO... ¿CÓMO FUNCIONA INTERNET?

Internet es como una gran red de computadoras que están conectadas entre sí, y la información se mueve de una a otra a través de cables subterráneos y satélites. Y lo mejor es que todo lo hace a la velocidad de la luz. Eso es mucho. Para que te hagas una idea, en un solo segundo la luz es capaz de dar la vuelta a la Tierra... ¡SIETE VECES Y MEDIA!

¿TE DAS CUENTA?

Esto es algo que era ciencia ficción hace solo una generación y una auténtica fantasía sin sentido hace más tiempo, más surreal que si les hubiesen dicho que vendrían los aliens a invadirnos en naves espaciales. Y ahora, justo ahora, podemos hacerlo realidad.

Vivís en el futuro y no lo sabías. No hay autos voladores, pero podés llegar a donde quieras.

Además hay muchas más ventajas sobre conocer gente en internet (aunque después podés verlos en persona, eh, que tampoco hace falta que te conviertas en un *hikikomori*).

Palabra japonesa para describir a adolescentes que se aíslan completamente de la sociedad y pasan la mayor parte del tiempo en su casa, sin tener contacto con otras personas y enganchados a la computadora o la consola.

ひきこもり

Hay muchas ventajas de conocer gente por internet y acá te explico algunas:

1 Podés conocer personas de todo el mundo, eso ya te lo dije, pero es más importante de lo que parece, porque te permite recibir ideas de otras culturas o de personas que viven de forma muy diferente a vos. O sea, TE ABRE LA MENTE. Te hace ser más tolerante. Lo que también te permite APRENDER MUCHAS COSAS NUEVAS.

2 Es una forma segura de socializar: cuando hablás con alguien en internet, tenés total control de la conversación y podés decidir con quién querés hablar y cuánto tiempo. Si alguien no te convence, lo cortás o hasta lo bloqueás si se pone pesado.

3 Podés encontrar amigos con intereses similares: si te gusta un tema en particular, buscá grupos o comunidades *online* de personas que compartan lo mismo. Da igual que sean hobbies muy raros o no tan comunes. Siempre siempre habrá alguien que sea parecido a vos.

4 Todo esto lo podés hacer en piyama y hasta metido en la cama.

Pero, como este libro es mío, voy a contarte algunos ejemplos personales.

Yo nunca fui de ir por la calle y pedir fotos a gente famosa, pero de repente me encontré que en internet no solo estaba conociendo a esa gente... ¡Estaba grabando videos con ellos! Mi primera vez fue jugando al *Among Us*. Fue un día rarísimo, porque ahí estaba yo, rodeado de ídolos de internet.

AMONG US

Es un videojuego multijugador en línea desarrollado por InnerSloth que se lanzó en 2018. Sucede en una nave espacial en la que los jugadores asumen el papel de tripulantes o impostores. Se juega en tiempo real y permite a los jugadores comunicarse a través de un chat. Los tripulantes deben trabajar juntos para identificar a los impostores y votarlos para su expulsión de la nave, mientras que los impostores deben engañar a los tripulantes y sabotear la nave sin ser descubiertos.

Después la cosa se puso aún más loca. Ya conté que mi gran inspiración para empezar a hacer contenido en internet fue **el Rubius**. ¡La cantidad de veces que vi sus videos! Incluso fui al ClubMediaFest de 2015 para poder verlo a él. Para mí no solo era un ídolo, sino un referente.

Es reloco: yo compré su libro, ¡y ahora tengo mi propio libro!

Entonces, gracias a internet, pude conocerlo, y también jugar con él. No sabés la emoción que sentí cuando me invitó a jugar en directo. Quienes estaban ahí se acuerdan de cómo corté mi *stream* para asistir a su llamada.

ESTA CLASE DE COSAS, DE CONEXIONES, DE SORPRESAS, DE GIROS DE LA VIDA SOLO PUEDEN DARSE EN UN UNIVERSO DONDE LAS LEYES DEL TIEMPO Y LA GEOGRAFÍA NO EXISTEN. DONDE TODOS PUEDEN HABLAR CON TODOS. Y ESE UNIVERSO ES INTERNET.

VOS SOS LO PRIMERO.

Internet también te permite tener la puerta de tu casa abierta a todo el mundo. Tu casa, de hecho, es el mundo. La Tierra. El universo. Esto es más importante de lo que parece, al menos para mí. Porque me permitió aceptarme tal y como soy, a la vez que pude entenderme mejor y adaptar mi estilo a lo que verdaderamente soy. Porque conociendo otros estilos, otras maneras de ser, de vestir y hasta de hablar, también te formás un estilo más personal.

Mirá, te voy a hablar de algo superficial como es lo físico, solo como ejemplo.

Cuando era chiquito, me pusieron el apodo de **"chino"** porque siempre ando riéndome por cualquier pelotudez y porque decían que se me ponían los ojos achinados. Como esto me enojaba, me lo decían todavía más.

HASTA QUE DIJE: BUENO, YA FUE.

Y ahora ese apodo me agrada bastante.

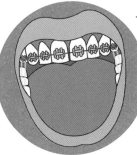

También tuve aparatos hasta los 15 años, que no es nada fácil en esa época. Ya te podés imaginar. ¿Quién quiere una boca de hierro cuando tiene 15 años?

Con todo esto quiero decirte que yo también tuve inseguridades con mi físico. Aunque ahora ya me presente incluso en piyama, años atrás me daba mucha vergüenza mostrarme en cámara. Hasta que un día eso empezó a darme igual.

QUIEN QUIERA REÍRSE, QUE SE RÍA; A QUIEN LE GUSTE, QUE LE GUSTE.

Acordate de lo que te dije en el capítulo anterior: podés desmontar la crítica, el *hate* y la burla si empezás vos y lo hacés más fuerte. Y no hay mejor forma de ser fuerte que siendo vos mismo, con tus aciertos y defectos.

INTERNET ES EL LUGAR PERFECTO PARA ABRIRTE Y ENTRENARTE PARA SER VOS MISMO.

Y lo mejor de todo es que si tu vida es un infierno no importa. Porque podés tener otras vidas en internet. Siendo vos mismo, y encontrando a gente como vos, creás una enorme comunidad con los mismos intereses.

PERO TODA VENTAJA TIENE TAMBIÉN SU PARTE NEGATIVA.

La otra cara de la moneda. Porque sí, podés conocer a tu mejor amigo *online*, incluso a tu alma gemela, al amor de tu vida, pero...

¿En quién podés confiar realmente en internet?

No, esto no es el título de un *True Crime* de Netflix o un programa de investigación barato de la tele.

La facilidad a la hora de contactar con quien quieras y esconderte bajo un *nick* o una foto falsa permite que haya **catfish** o **ghosting**, y otras cosas que no son muy agradables: perfiles falsos, **bots**, ladrones de cuentas... Una selva llena de animales peligrosos, como ya conté en el primer capítulo.

No son muchos, no son la mayoría, pero pueden hacer mucho daño. Hay que saber identificarlos y rajar. Evitarlos como evitamos los hongos venenosos. Son una fauna que debemos identificar lo antes posible para no tener sustos en el futuro.

EN INTERNET HAY QUE MANEJARSE CON MUCHÍSIMO CUIDADO PORQUE NO TODO EL MUNDO ES LO QUE PARECE.

Hay mucha gente que trata de robar, que suplanta identidades, que pide dinero o cosas peores...

¡EN INTERNET NO CONFÍES EN NADIE DE ENTRADA! ES IMPORTANTE TENER CUIDADO AL INTERACTUAR CON PERSONAS DE FORMA *ONLINE* Y SIEMPRE VERIFICAR SU IDENTIDAD ANTES DE CONFIAR EN ELLAS.

Fauna internáutica para desconfiar

CATFISH

Ejemplar que utiliza perfiles falsos para engañar a otros, como levante o para estafar. Se dice que suele verse en apps de citas, pero puede merodear por cualquier red social.

GHOSTING

Persona que corta de golpe toda comunicación con otra persona sin ninguna explicación o aviso previo, sobre todo en una relación amorosa *online*. Hay una subespecie de *ghosting* que es el *haunting*: desaparecer, pero seguir pendiente de la actividad del otro en las redes sociales.

COOKIE-JARRING

Salir o estar pendiente de alguien solo porque te aburrís, como opción de reserva, cuando en realidad no te interesa.

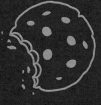

STALKER

Persecución de manera obsesiva, espiando tus *gameplays*, tus fotos, tus tuits, todo... Es una forma de acoso.

¿CÓMO DETECTAR UN PERFIL FALSO?

Desmontamos a @Pepe1234 a ver qué nos indica esto.

Las principales razones:

1. No sube videos.

2. Información limitada: si el perfil tiene muy pocos datos sobre la persona, como su trabajo, intereses, amigos, etc.

3. La cuenta se creó hace 3 horas.

4. Falta de verificación: si la plataforma de citas o red social no verificó la cuenta de la persona con una dirección de correo electrónico o número de teléfono, puede ser una señal de que el perfil es falso.

5. Te pidió plata.

DICTAMEN: No sé, Rick... Parece falso.

En el mundo real, la gente también lleva máscara. En internet, es posible llevar dos máscaras. Tres. Incluso mil. Mantener varias cuentas, usar *nicks*, fotos falsas, distorsionadores de voz. Podés ser quien vos quieras sin que la otra persona se dé cuenta.

PERO EN INTERNET TAMBIÉN PODÉS SER VOS MISMO. ENCONTRAR GENTE QUE LE GUSTE LO MISMO QUE A VOS Y CONVERTIRSE EN AMIGOS.

CREATIVIDAD

COPIA

LAS COSAS CLARAS: HACER TU PROPIO CONTENIDO ES INCREÍBLE.

Podés hacer lo que quieras y publicar lo que quieras, pero también consumir lo que quieras. De hecho, la frontera entre creadores/consumidores se difuminó. Ahora todos somos, en parte, **prosumidores**.

(Fusión de productor y consumidor).

Personalmente, yo siempre fui más consumidor que creador. Cuando descubrí internet y todo lo que podía encontrar y hacer en la web quedé fascinado. Me parecía muy loco que dentro de una computadora hubiera todo un mundo, podía pasarme horas frente a la pantalla viendo *streams* y videos en YouTube.

Y así fue cómo empecé a sentir curiosidad por hacer mis propios videos:

VER LO QUE LE GUSTABA A LA GENTE (A MÍ INCLUIDO) FUE LO QUE ME IMPULSÓ PARA ARRANCAR CON MIS IDEAS.

Hoy día sigo consumiendo contenido muy diverso y pienso que esa es la clave para crear, ya que me ayuda a entender lo que quiere la gente. En resumen: yo también soy prosumidor.

También esto da un poco de vértigo. Ok, puedo hacer lo que yo quiera.

Tengo el infinito delante de mí.

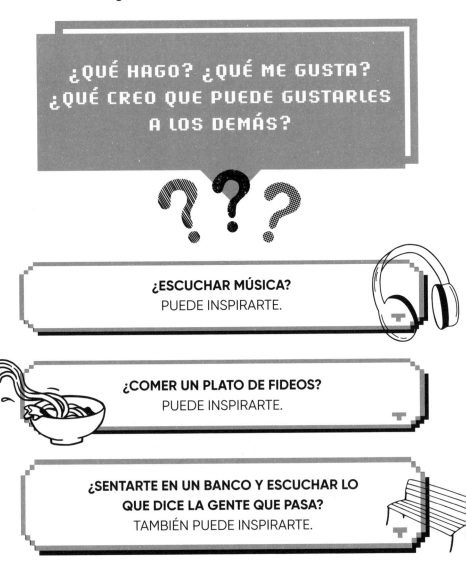

¿QUÉ HAGO? ¿QUÉ ME GUSTA? ¿QUÉ CREO QUE PUEDE GUSTARLES A LOS DEMÁS?

¿ESCUCHAR MÚSICA?
PUEDE INSPIRARTE.

¿COMER UN PLATO DE FIDEOS?
PUEDE INSPIRARTE.

¿SENTARTE EN UN BANCO Y ESCUCHAR LO QUE DICE LA GENTE QUE PASA?
TAMBIÉN PUEDE INSPIRARTE.

Hay gente para todo. Todo puede inspirarte, incluso las creaciones de los demás.

(Pero, cuidado, como explicaré más adelante, con inspirarte demasiado).

Gracias a la libertad de internet existen canales más originales, raros y absurdos que cualquier programa de televisión de la historia.

ALGUNOS EJEMPLOS MUY LOCOS

- **HOWTOBASIC:** un canal que presenta tutoriales de "cómo hacer" cosas; por ejemplo, aprender a cantar como Justin Bieber o a comer *sushi* correctamente, pero de una manera muy extraña y, muchas veces, absurda.

- **MAGIBON:** es uno de los casos más enigmáticos de YouTube. Hace casi una década, esta chica comenzó a publicar videos en los que aparecía saludando a los usuarios por solo unos segundos. Después, empezó a subir videos de su rostro sin pronunciar una sola palabra. ¡Y tiene audiencia!

- **PRIMITIVE TECHNOLOGY:** un canal que presenta videos de un hombre construyendo cosas en la naturaleza utilizando técnicas y herramientas primitivas, como si fuera un cavernícola.

- **COOKING WITH DOG:** es bastante extraño que esta mujer cocine con su perro Francis siempre al lado, pero esperá hasta descubrir que... ¡el perro es el anfitrión! Mientras ella prepara platos japoneses tradicionales, Francis da instrucciones paso a paso en inglés con acento japonés. Es un concepto extraño, pero hay algo muy relajante en la voz del perro y en ver ingredientes simples unirse para formar platos elaborados.

- **THE SLOW MO GUYS:** un canal con videos de objetos y fenómenos de la vida cotidiana filmados en cámara lenta. ¡Todo en cámara lenta es una locura!

- **BENJAMIN BENNETT:** desde el 28 de julio de 2014, Bennett transmite en vivo sentado y sonriendo a la cámara durante aproximadamente cuatro horas seguidas. Ya hay más de 300 videos y lo único que cambia es el fondo y su ropa. ¿Qué significa? Solo Bennett lo sabe y, como no habla, no tenemos forma de saberlo.

- **ASMR DARLING:** videos de sonidos suaves y relajantes que se utilizan para ayudar a las personas a dormir.

- **LICKING GUY:** el autor de este canal lamió una grúa, un avión de combate militar, el edificio de YouTube y mucho más. ¿Por qué? Nadie lo sabe realmente. Todo empezó con un cactus en agosto de 2015 y desde entonces no pudo parar de lamer cosas. Además, usa un pasamontañas negro y anteojos de sol, lo que hace que una situación ya extraña sea mucho más *creepy*.

- **UNBOX THERAPY:** un canal con videos de personas desempacando y revisando productos de tecnología. Muy relajante también.

En el mundo del *streaming*, se nota cuando tenés libertad para crear y sos vos mismo. Cuando podés meter tus chistes. Hablar de lo que te dé la gana. Contar las cosas que te importan. **Just chatting** y listo, como si estuvieses con tus amigos. Y es que eso es lo más divertido, porque es como si estuvieras en una juntada, pasándola bien y hablando con suma confianza de lo que te pasa en el día a día.

NO IMPORTA CÓMO SEAS, LO QUE SEAS, LO QUE PIENSES, LO QUE TE GUSTA Y LO QUE NO: EN INTERNET HAY CONTENIDO PARA VOS.

Hay quienes se pueden pasar horas consumiendo o haciendo videos de ASMR. Otros, sencillamente, solo se graban durmiendo. Otros prefieren comer en restaurantes y contar cuáles les gustaron o no.

ASMR

Es una experiencia sensorial placentera y relajante que algunas personas experimentan al escuchar sonidos suaves y repetitivos, como susurros, crujidos, golpes y movimientos de objetos. En YouTube hay millones de ejemplos: desde gente que golpea sus uñas contra el micrófono hasta sesiones de peluquería, pasando por susurros muy bajitos (a veces con mucho ruido de saliva, puaj).

Existe la posibilidad de hacer algo que te guste que nunca se haya hecho antes. No hace falta que copies las tipografías de los títulos de las miniaturas (o que las hagas así) o que pongas determinado tipo de música de fondo cuando estás en un *stream* (o si no querés poner nada) o que te limites a estar en tu *set up*.

> **¿Por qué no hacer un directo en mitad de la calle?**
> **¿O en el medio del campo?**
> **¿O en la cima de una montaña?**

TODO ES POSIBLE, MIENTRAS LLEGUE INTERNET.

Y AHORA LLEGA CASI A TODAS PARTES.

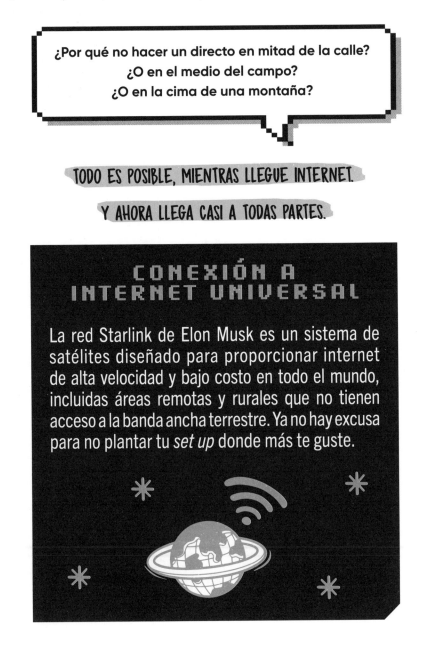

CONEXIÓN A INTERNET UNIVERSAL

La red Starlink de Elon Musk es un sistema de satélites diseñado para proporcionar internet de alta velocidad y bajo costo en todo el mundo, incluidas áreas remotas y rurales que no tienen acceso a la banda ancha terrestre. Ya no hay excusa para no plantar tu *set up* donde más te guste.

Lo importante es que seas vos mismo. Por muy raro que seas. Porque hay varias razones por las que es importante crear contenido
original y apasionante en internet:

1. TE DESTACÁS ENTRE LA MULTITUD: EN UN MUNDO
   LLENO DE INFORMACIÓN Y *ONLINE*, TENER UN
   CONTENIDO ORIGINAL Y PERSONAL PUEDE ATRAER
   A UNA AUDIENCIA COMPROMETIDA.

2. CONSTRUÍ CREDIBILIDAD: SI CREÁS CONTENIDO
   ORIGINAL Y APASIONANTE EN UN ÁREA EN LA QUE
   TENÉS EXPERIENCIA O CONOCIMIENTO, PODÉS
   LLEGAR A LOGRAR UNA REPUTACIÓN EN TU CAMPO.
   PODÉS SER LO QUE QUIERAS. HASTA LAS COSAS MÁS
   FRIKIS DEL MUNDO. TE SORPRENDERÁ DESCUBRIR
   QUE EL MUNDO ES TAN DEMENCIALMENTE GRANDE
   Y HAY TANTA GENTE DISTINTA QUE SEGURO QUE
   MUCHOS SON COMO VOS.

3. FOMENTÁ LA CREATIVIDAD: CREAR CONTENIDO
   ORIGINAL Y APASIONANTE PUEDE AYUDARTE A
   FOMENTAR TU CREATIVIDAD Y A EXPERIMENTAR CON
   NUEVAS FORMAS DE COMUNICACIÓN Y EXPRESIÓN.
   LOS GRANDES ARTISTAS FUERON LOS QUE
   ROMPIERON MOLDES, NO LOS QUE SE QUEDARON
   EN EL MOLDE.

4. TE HACE SENTIR REALIZADO: CREAR CONTENIDO
   PERSONAL *ONLINE* PUEDE SER UNA EXPERIENCIA
   MUY GRATIFICANTE, YA QUE TE PERMITE COMPARTIR
   TUS IDEAS Y PASIONES CON UNA AUDIENCIA
   COMPROMETIDA, Y SENTÍS QUE LO QUE HACÉS
   TIENE SENTIDO.

En resumen, crear contenido original *online* no solo te ayuda a destacar y construir credibilidad, sino que puede ser bueno para desarrollar habilidades y fomentar tu creatividad, también puede ser una experiencia muy gratificante en general. Te convierte en el protagonista de la película.

 De TU película.

En cualquier caso, por si te sirve de inspiración, voy a contarte lo que a mí me inspira para crear contenido. Pero antes debo advertirte una cosa. Agarrá un lápiz y subrayá lo siguiente porque es muy importante:

LA CREATIVIDAD NO LLUEVE DEL CIELO.

 A veces hay que buscar la creatividad. De hecho, casi siempre hay que buscarla. Hay que trabajarla. Una y otra vez. Como si estuvieras en *Minecraft* con tu pico, farmeando incansablemente, hora tras hora, para obtener algún objeto de especial valor.

DICEN QUE DETRÁS DE CUALQUIER DESCUBRIMIENTO HAY UN 10% DE INSPIRACIÓN Y UN 90% DE TRANSPIRACIÓN.

 Y no puedo estar más de acuerdo.

Como ejemplo, te voy a contar sobre uno de mis videos más populares, el *Draw My Life*. En apariencia, parece un video sencillo. Yo ni siquiera salgo en cámara. Solo mi mano dibujando en una pizarra, mientras hablo. Sin embargo, las cosas más aparentemente sencillas tienen detrás un trabajo enorme.

Y AHÍ ES DONDE ESTÁ LA CREATIVIDAD DE VERDAD: CUANDO UNA COSA GUSTA Y ATRAPA, Y NO SABÉS MUY BIEN LA RAZÓN, ES PORQUE LA RAZÓN ESTÁ OCULTA A LA VISTA.

EN ESTE CASO HAY MUCHO TRABAJO PREVIO:

un **guion** muy preciso de lo que quiero contar y cómo quiero contarlo. También una idea de lo que quiero dibujar. Esto te obliga a elegir mil opciones. Te vas quedando con las que mejor funcionan, empezás a filtrar.

Draw My Life

INICIO, GRAFITI PARED.

• - Hola soy SPREEN y ESTE ES MI ~~DRAW MY LIFE~~

TRANSICIÓN
PINTAR CÁMARA NEGRO

↓

SACAR PAPEL NEGRO CON
CÁMARA APUNTANDO
A LA PIZARRA

① GUION — DIBUJO
INICIO — PRESENTACIÓN

— Bueno antes que nada me
presento, Soy Iván, Mejor conocido
como Spreen, y en este
video les voy a resumir mi
historia para que me conozcan
un poco mejor

Fotogramas
para simular habla

Frame de   Dibujar el   poner el
Stream convertirlo frame convertido   video con el
con efecto de dibujo en dibujo   efeco en la
                                       pizarra

② INICIO — NACIMIENTO

IVAN

— Mi vida arranca un MIÉRCOLES,
para ser exactos un Miércoles 11
de Octubre del 2000, mis
padres serían Hugo y Silvia y
tendría una hermana llamada
Victoria, Mi nacimiento se daría
en la ciudad de Santa Fe....

YO

(Según mi vieja porque es un hombre que
tiene origen eslavo)

-... La ciudad de santa Fe
se encuentra en Argentina
y es justo una botita
en el mapa, provincia donde
nació Messi y se encuentra
Colón de Santa Fe, el club
del cual soy hincha desde
nacimiento por mi abuelo
que se lo pasó a mi viejo
y mi viejo me lo pasó a mí.

ARGENTINA

SANTA
FE

CA COLON

10

③ ORIGEN — NOMBRE
- Mi nombre completo es
IVÁN RAÚL BUHAJERUK
- Raúl: Viene de mi abuelo
que se llamaba Raúl
- Buhajeruk: Resumido como
Bunaje no sé de dónde
viene este apellido (Supuesta-
mente ucraniano) y apellido
único en el mundo 😎.
- Iván: porque queda re
piola

IVÁN RAÚL BUHAJERUK

IVÁN

RAÚL

ABUELO

BUHAJERUK → XD

90

... Solo conocí amigos nuevos, me la pasaba ~~solo~~ jugando a los jueguitos con uno de mis primeros celulares entonces igualmente no socializaba mucho con ellos

ERA YOUTUBE (IvanGamer)(IvanHabbo)

- Mi era youtube arrancó en el 2011-2012 aproximadamente porque quería subir una serie de Minecraft con amigos (de Sky Blocks), ese canal después lo borré porque había usado sub x sub para llegar a 500 subs y tenía muchos seguidores inactivos, También a la par de esto tenía otro canal de habbo donde salió mi primera canción

2012 | XAVIGAMER IVAN GAMER

Subscri[be] 500 suscribers

Luego toca la **preparación a nivel técnico**: dónde situar la cámara, cómo iluminar la escena para evitar reflejos, cómo dibujar lo más rápidamente posible para que no se haga aburrido...

Finalmente, llega la magia de la **edición**, quizá una de las partes más importantes y también más infravaloradas. El montaje termina de pulir todos los defectos. Logra que algo lento o repetitivo sea fresco. Que cualquier mensaje brille más.

Y ESTE ESFUERZO VALIÓ LA PENA: ¡EN SOLO 4 MESES, MI *DRAW MY LIFE* YA TIENE MÁS DE 5 MILLONES DE *VIEWS*!

Mirá, yo terminé estudiando una carrera universitaria, porque creo que estudiar también es importante. Y la carrera que hice fue Diseño Industrial, en la FADU UNL, en Santa Fe. Ahí aprendí muchísimas muchísimas cosas, que después me sirvieron para ser un mejor creador de contenido.

También aprendí a ser más disciplinado y constante. Incluso empecé a ver todas las cosas que me rodeaban con lentes de diseñador industrial. Por ejemplo, si veía una botella, la analizaba.

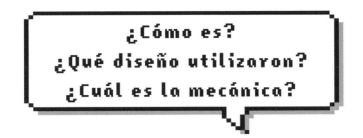

TAMBIÉN CUANDO EMPECÉ A SER CREADOR DE CONTENIDO PROFESIONAL COMENCÉ A VER TODO CON LOS OJOS DE CREADOR DE CONTENIDO.

Todo lo que tengo adelante, lo que escucho, lo que me llega, lo que me llama la atención... busco la manera de asociarlo como futuro contenido. Transformarlo para mí. Mi mente siempre está enfocada así.

A veces también hago "lluvia de ideas" con palabras que están de moda. Creo mis propios cuadros conceptuales. Saco diferentes ideas a partir de una tendencia o una idea. Porque, con suficiente dosis de creatividad, todo puede conectarse con todo.

De verdad. Cuando ves a alguien haciendo algo bueno, muchas veces te olvidás de todo el trabajo que hay detrás. Es como un videojuego: es impresionante, pero nos olvidamos de que detrás de los gráficos, la banda sonora, los efectos, la programación... hay un equipo enorme de personas que trabajaron durante meses. Con la creatividad y el talento pasa lo mismo. Alucinamos cuando aparece, pero aparece con mucha más frecuencia y de forma más extraordinaria si detrás hay un trabajo.

Con el tiempo, mejoré también mi productividad. Por ejemplo, to-das las ideas que se me ocurren para llevar a cabo en un futuro me las escribo a mí mismo en WhatsApp.

Sí, es como mi agenda de ideas, para que no se me olviden como me solía pasar.

Es un poco loco, pero a mí me funciona. Además, como dije, me permite ser más productivo. Y AMO ser productivo. De hecho, los días que no hago nada hasta me cuesta dormir por la noche porque me siento mal por no haber hecho nada.

SUPONGO QUE ESAS DOS SON MIS GRANDES *SKILLS*: ME GUSTA SER productivo Y, DESDE CHICO, SIEMPRE FUI BASTANTE creativo PORQUE ME GUSTA INVENTAR COSAS.

SPREEN CON 5 AÑOS
Diseñé una especie de Apple Watch, un reloj táctil, antes de que saliera el Apple Watch. Cuando salió pensé: debería haber patentado mi idea. ¡Steve Jobs me copió! XD

El problema es cuando hacerse viral lo es todo. Podés perder calidad en tus videos, podés pisarte las ideas... Y lo peor de todo es que podés quemarte muy rápido.

Cuando querés ser viral, cuando te obsesionás con los números, dejás de ser poco a poco vos mismo. Dejás de divertirte de verdad. Solo es trabajo. Todo es trabajo. Y, entonces, te empezás a obsesionar con el éxito de otras personas.

Si él consiguió ese pico de audiencia haciendo eso, ¿debería hacer lo mismo? ¿Debería empezar a hacer lo que hacen todos? ¿Debería copiar lo que funciona y dejar de hacer lo que realmente sale de mí?

PERO ENTONCES... ¿QUIÉN VA A VER UNA COPIA? ¡SI YA EXISTE EL ORIGINAL!

Es como si tuvieras la oportunidad de viajar por el multiverso y descubrieras que todos los universos son exactamente iguales. ¿Cómo se puede desperdiciar tanto espacio libre?

El problema de los *bots*: cuando se busca la viralidad y el éxito a toda costa, y ya ni siquiera importa que detrás haya un ser humano. Puede que solo sea un *bot* tratando de crear contenido clónico. Robando todo lo que hicieron los demás. Originando montañas y montañas de *bullshit*.

Lo más importante es ser constante y dejar de pensar cómo pasar de cero a millones... Cada paso es fundamental. Y cada paso debe tener tu personalidad. Porque es

TU canal,
TU vida,
TU forma de relacionarte
con el mundo.

Ah, e intentá huir de los trucos baratos. Ya sabés cuáles, no disimules. El *clickbait* o el *cliffhanger*.

CLICKBAIT: DISEÑADO PARA HACER QUE LOS DEMÁS HAGAN CLIC EN TU CONTENIDO, ESPECIALMENTE CUANDO LO QUE HACÉS ES POCO INTERESANTE EN SÍ MISMO.

CLIFFHANGER: TERMINAR TU CONTENIDO EN LO MÁS ALTO, JUSTO CUANDO ESTÁ A PUNTO DE PASAR ALGO MUY PELIGROSO O MUY EMOCIONANTE, Y DEJAR EL *HYPE* AHÍ HASTA EL PRÓXIMO CAPÍTULO. LO MALO ES QUE MUCHAS VECES SE SOLUCIONA DE FORMA POCO INTERESANTE LO QUE TODO EL MUNDO ESTABA ESPERANDO.

Imaginate que ahora te dijera que no dejes de leer. Que ya viene lo bueno. Que en las próximas páginas te voy a contar mi verdadero secreto para triunfar. O que voy a mostrarte una foto desnudo. O que te voy a contar mi secreto más inconfesable.

¿Pasás la página para descubrirlo?

Esperá, ahora viene,
ahora viene lo mejor
de verdad.

¿Estás listo?

Y NO DIJE NADA AL FINAL.

Te comiste un par de páginas y, al final, te cacé con un *clickbait*. Jugué con vos. Te engañé. Pero, a la vez, conseguí que me prestes atención.

Te robé el tiempo y, a cambio, no te di nada.

¿TE DAS CUENTA DE CÓMO ESTO ESTÁ TREMENDAMENTE MAL?

Es muy tentador recurrir a estos trucos para conseguir audiencia muy rápido. Pero, a la larga, la audiencia se cansará. Si lo que querés es una comunidad fiel, evitá los trucos y los engaños.

No lo hagas. Y, si vos mismo caés en estos trucos, no vuelvas a confiar en el creador de contenido que siempre te vende lo mismo.

En general, ser esclavo de la viralidad puede ser un problema si se pierde el enfoque en la calidad, la autenticidad, la seguridad y el propósito del contenido que se crea. Es importante recordar que la viralidad no es la única medida de éxito en línea y que es posible crear contenido valioso sin tener que ser viral.

Además, aunque es verdad que un viral puede hacerte famoso, mantenerse es otra cosa. Podés caer en el olvido si solo te basás en el *trend*.

Se llega arriba sumando 1 + 1 + 1... con paciencia, constancia, dedicación y pasión. De hecho, ni siquiera es muy saludable que estés siempre mirando tus *views* o tus estadísticas en general. Claro, es información, pero que no sea el crecimiento sin más lo que te guía. Te podés llegar a obsesionar entrando en SocialBlade y que esos números acaben siendo realmente tu valor, cuando tu valor no es medible solo en números.

APRENDER

FALLAR

Seguro que más de una vez te dijeron que pasás demasiado tiempo frente a la computadora. Que se te va a secar el cerebro de tanto mirar el celular. O que si seguís perdiendo el tiempo en Twitch al final no llegarás a nada en la vida.

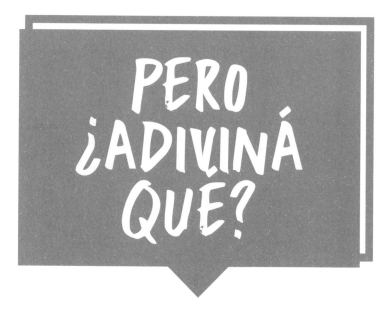

PERO ¿ADIVINÁ QUÉ?

¡TODO ESTO ES MENTIRA!

En todas las épocas hubo gente que se quería quedar atrás, en el pasado, y entonces iba en contra de todos los grandes cambios tecnológicos. Sí, increíblemente, hubo gente en contra del teléfono, de la locomotora, de la radio... ¡e incluso de la tele! ¿Cómo no va a haber gente en contra de internet?

Pero, a pesar de lo que puedan decir, internet es como una biblioteca infinita, una fuente de contenidos sin fin. Fijate que es el único lugar del mundo en el que podés aprender español, inglés o filipino a la vez... ¡y desde tu casa!

こんにちは元気ですか？

Y no solo eso: podés descubrir la historia de África o incluso aprender a cambiar el motor de un auto... o a cocinar un huevo frito. Hay tutoriales para todo lo que te puedas imaginar y los podés ver en 1,5x o 2x si estás apurado.

ADEMÁS, SI NO TE SALE
LO QUE QUISISTE COCINAR...,
¡SIEMPRE PODÉS PEDIR *DELIVERY*!
¿NO ES UN SUEÑO?

¿Qué más necesita la gente para darse cuenta de que el futuro ya está acá y es este? Los que siguen criticando todo eso son los mismos que en el pasado criticaban los juegos de rol (que te hacían perder la cabeza y obligarte a cometer crímenes) o el rock (que te hacía satánico o algo peor).

Además, el poder de internet va mucho más allá de aprender cosas como si estudiases. Internet está lleno de teoría, pero, sobre todo, está lleno de **PRÁCTICA**.

¿Nunca lo habías pensado? Por ejemplo, cuando vas a grabar un simple video, aunque dure menos de 1 minuto, aprendés de todo. Y entrenás toda clase de habilidades.

CREATIVIDAD: tenés que pensar para idear el video, ¡las ideas no vienen solas!

Fijate en algunos de mis guiones para videos random:

#DrawMyLife --> Dibujar las cosas más importantes de tu vida.

#PorCadaINSULTO --> Por cada insulto que diga mientras juego, doy subs.

#SiTeReisPerdés --> Me enfrento a los memes más divertidos e intento no reírme.

#MiEdadMentalEsDe --> Hacer un Test de Edad Mental y otros test.

#Acertijos --> Resuelvo acertijos en directo.

#Comprando --> Intento comprar cosas que de chico no pude.

#JuegosDeAnuncios --> Pruebo todos esos juegos que te salen en los anuncios típicos de YouTube antes de ver un video.

#ProbandoComidas --> Pruebo comidas de otros países y reacciono en directo.

EDICIÓN: cuando vas grabando un video, en tu cabeza ya te vas imaginando cómo va a quedar.

COMUNICACIÓN: aunque estés solo en tu casa, en realidad estás con un montón de gente conectado y debés aprender incluso a gestionar comunidades enormes.

ESTRATEGIA Y MARKETING: está perfecto pasarla bien, pero si encima pensás a dónde querés llegar y qué vas a hacer para conseguirlo, estás creando tu propia carrera (tenés que tener presente siempre dónde querés llegar).

Aunque como en todas las escuelas, en internet tampoco todo va a ser bueno. Aprendés muchas cosas, pero también fallás en muchas. Hay cosas que, por desgracia, a uno le toca aprender por la fuerza. Como que no siempre es posible triunfar y podés fallar muchísimo, de repente todo va bien y de repente todo va mal... Y hay cosas para las que no hay un manual de instrucciones ni un tutorial en YouTube: todo es cuestión de prueba y error.

INTELIGENCIA ARTIFICIAL

Algo buenísimo que nos trajo internet es el uso de la inteligencia artificial (IA) para toda clase de cosas. Es cierto, sí, ChatGPT se equivoca muchas veces o suelta textos muy bobos, pero también es increíblemente útil para escribir o resolver dudas.

Y hay cosas incluso más sorprendentes a nivel audiovisual que podés hacer con la IA.

- Generar imágenes que antes no existían solo escribiendo qué es lo que querés ver (DALL-e Midjourney o Stable Diffusion).
- Editar video (Runaway).
- Diseñar (SlidesAI, Beautiful.ai o Designs.ai).
- Hacer ingeniería informática (GitHub Copilot, Replit Ghostwriter o Text-to-code).
- Editar texto (Jasper o Copy.ai).

Seguro que algún día hasta existirá una aplicación de IA para crear videos en YouTube con mi cara y mi voz. Qué loco será eso cuando llegue.

Así que no hagas caso a los consejos y las listas. Incluso si le preguntás a una gran inteligencia artificial, como ChatGPT, que parece que lo sabe todo, esto es lo que te dirá para ser *streamer*.

PASOS PARA SER UN *STREAMER* EXITOSO

Una buena conexión a internet: para transmitir contenido en vivo, necesitarás una conexión estable y rápida. Si es de alta velocidad, te permitirá transmitir sin problemas y evitar así retrasos y una mala calidad de video.

Equipo adecuado: una computadora o consola de juegos que sea lo suficientemente potente para transmitir video en vivo y capturar tu juego de manera efectiva. Además, es posible que necesites una cámara web de alta calidad, un micrófono y otros accesorios, dependiendo de tu enfoque y estilo de transmisión.

Un nicho o tema específico: los *streamers* exitosos suelen enfocarse en un tema o juego específico, lo que les permite construir una comunidad de seguidores dedicados. Encontrá un tema que te apasione y en el que tengas experiencia, y tratá de ser auténtico y honesto en tus transmisiones.

Horarios de transmisión regulares: los seguidores de los *streamers* esperan transmisiones regulares y predecibles, por lo que es importante establecer un horario específico y mantenerlo. La consistencia en la programación también te ayudará a construir y mantener una audiencia fiel.

Interacción con la audiencia: es importante interactuar con los espectadores a través del chat y las redes sociales durante las transmisiones. Esto puede ayudar a construir una comunidad y aumentar la lealtad de los seguidores.

Marketing y promoción: promocionar tu canal a través de las redes sociales y otros medios de comunicación puede ayudarte a atraer nuevos seguidores y hacer crecer tu audiencia.

Paciencia y perseverancia: construir una audiencia y convertirse en un *streamer* exitoso lleva tiempo y esfuerzo. Es importante tener paciencia, perseverancia y mantenerte enfocado en tus objetivos a largo plazo.

Mucho texto.

Y, encima, ChatGPT se equivoca.

EN REALIDAD, SOLO NECESITÁS UNA COSA: NADA.

ASÍ QUE PARA ARRANCAR A *STREAMEAR* SOLO TENÉS QUE TOMAR
ALGO CON CÁMARA, NO IMPORTA SI ES UN CELULAR O UNA CÁMARA
VIEJA, Y SI NO TENÉS, PEDÍ PRESTADO A ALGÚN FAMILIAR. BASTA
CON QUE TENGA UNA APLICACIÓN PARA CAPTURAR LA PANTALLA.

Y YA ESTÁ.
FIN DEL SECRETO.

GRABÁ
Y FALLÁ.

GRABÁ Y
APRENDÉ.

GRABÁ Y
DISFRUTÁ.

MI SETUP

ANTES	AHORA

Si querés arrancar a crear contenido no necesitás un gran setup ni la cámara más pro. ¡Solo fijate en mi primera computadora! Basta con que tengas ganas y constancia para comenzar, después todo lo puedes mejorar.

Loco, si querés ser youtuber, tené en cuenta lo siguiente. Es lo más importante que voy a decirte. Leelo dos veces. O tres. Grabátelo a fuego. Hacete un póster. Ponelo de fondo de pantalla. Tatuátelo. Lo que sea. ¿Preparado? Ahí va:

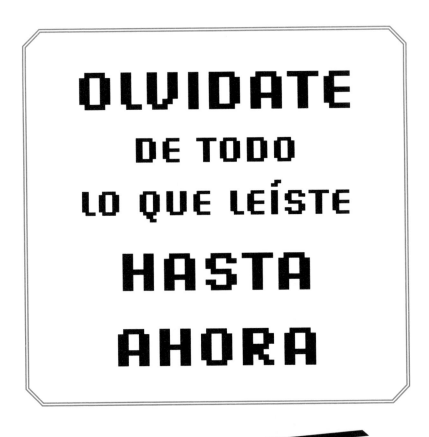

OLVIDATE DE TODO LO QUE LEÍSTE HASTA AHORA

sobre cómo ser

YOUTUBER.

No hay fórmulas, no hay consejos universales. Tenés que aprender por vos mismo. Y, sobre todo, tenés que FALLAR. Porque, si fallás, aprendés en qué fallaste y no volvés a fallar en lo mismo.

Tenés que ser como Sanu Sherpa, el alpinista nepalí que logró un récord mundial loquísimo: subir hasta la cima de las catorce montañas de la Tierra con más de ocho mil metros de altura... DOS VECES. Completar el proyecto 2x14x8000 le llevó 16 años.

Pero ¿qué te creíste, que lo hizo a la primera? Seguro que no, seguro que falló sin parar, porque si no hubiese completado su objetivo el año 1, no el 16.

OK.

Así que, si te tenés que quedar con una sola idea expresada lo más corta posible, que sea esta: Mi CONSEJO es que **tenés que fallar**.

Y EN FALLAR TENGO MUCHA MUCHA EXPERIENCIA. TONELADAS DE EXPERIENCIA.

Mi era youtuber arrancó cuando cursaba séptimo grado, en 2011-2012. Desde entonces, morí, resucité, estuve remuerto y rerresucitado. Así que estoy acostumbrado a empezar desde cero. Sé lo que es borrarlo todo, perderlo todo y resurgir de las cenizas como el ave fénix. Posta, yo sé lo que es fallar.

La primera vez que abrí un canal fue porque quería con mis amigos subir una serie de SkyBlock. Y te aseguro que no podía ser todo de peor calidad.

Simplemente surgió la idea y dije que yo me encargaba de grabarlo y subirlo a mi canal de YouTube. Canal que, por cierto, no tenía por aquel entonces. Pero querer es poder, ¿no? Así que, al final, me vi obligado a hacerme un canal para cumplir con mi palabra.

El nombre del canal fue **Iván Gamer**. Sí, porque yo me llamo Iván y el canal era de *gaming*. Muy original, ¿no?

Banner del canal.

El problema es que el canal haya durado menos que nada porque quise tener suscriptores de mala manera. Ya sabés que, cuando empezás con algo, querés tener tu público. Porque si tenés público significa que estás haciéndolo bien. Pero ¿cómo lográs tener público si nadie te conoce? ¿Cómo atraer miradas si nadie te mira?

Así fue como caí de cabeza en el SubxSub. O sea, que me suscribí al canal de un pibe que quería crecer, con la condición de que el pibe también se suscribiera al mío. Así los dos ganábamos suscriptores. Era como un trueque.

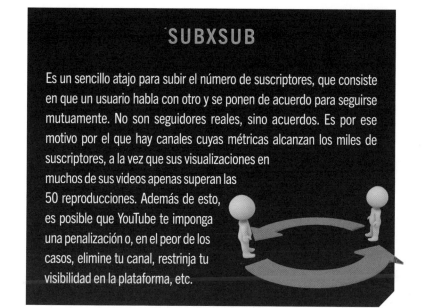

SUBXSUB

Es un sencillo atajo para subir el número de suscriptores, que consiste en que un usuario habla con otro y se ponen de acuerdo para seguirse mutuamente. No son seguidores reales, sino acuerdos. Es por ese motivo por el que hay canales cuyas métricas alcanzan los miles de suscriptores, a la vez que sus visualizaciones en muchos de sus videos apenas superan las 50 reproducciones. Además de esto, es posible que YouTube te imponga una penalización o, en el peor de los casos, elimine tu canal, restrinja tu visibilidad en la plataforma, etc.

O sea, que mi canal era un espejismo. Ganaba suscriptores, pero eran inactivos porque no se suscribían por mi contenido. No tenía una comunidad. Por eso, un día cualquiera me dije "ya fue" y terminé por dejarlo. Prefería no tener canal a tenerlo de mentira.

A la par, armé un canal dedicado a *Habbo*, al que bauticé como **Iván Habbo**. Ahí flasheé que quería ser director de cine de *Habbo* y hasta realicé un videoclip de "Timber", la canción de Pitbull.

(Sí, la originalidad en los nombres es lo mío).

También compuse un rap de vikingos para un concurso que se celebró en *Habbo*:

VIKINGOS CONTRA VIKINGOS, UN SOLO DESTINO,
VAMOS A DESTROZARLOS EN UN CHILLIDO.
LOS GUERREROS DE ODÍN NO NOS VAN A DERROTAR PORQUE LAS
TRENZAS ROJIZAS GANARÁN SIN PARAR.
CASCO, ARMADURA, BOTAS, ESPADAS, VAMOS
TODOS JUNTOS AL CAMPO DE BATALLA.
GUERRA Y GUERRA Y NADA MÁS QUE GUERRA,
VAMOS A QUEMAR TODAS SUS ALDEAS.
VAMOS TODOS... VAMOS...
VIKINGOS CONTRA VIKINGOS, UN SOLO DESTINO,
VAMOS A DESTROZARLOS EN UN CHILLIDO.
LOS GUERREROS DE ODÍN NO NOS VAN A
DERROTAR PORQUE LAS TRENZAS ROJIZAS
GANARÁN SIN PARAR.
CASCO, ARMADURA, BOTAS Y ESPADAS, VAMOS
TODOS JUNTOS AL CAMPO DE BATALLA.
GUERRA Y GUERRA Y NADA MÁS QUE GUERRA,
VAMOS A QUEMAR TODAS SUS ALDEAS.
VIKINGOS CONTRA VIKINGOS, UN SOLO DESTINO,
VAMOS A DESTROZARLOS EN UN CHILLIDO.
LOS GUERREROS DE ODÍN NO NOS VAN
A DERROTAR PORQUE LAS TRENZAS
ROJIZAS GANARÁN SIN PARAR.
CASCO, ARMADURA, BOTAS, ESPADAS,
VAMOS TODOS JUNTOS AL CAMPO DE BATALLA.
GUERRA Y GUERRA Y NADA MÁS QUE GUERRA, VAMOS A QUEMAR
TODAS SUS ALDEAS.

A ver, tenía 12 años XD.

HABBO

Anteriormente llamado *Habbo Hotel*, es un metaverso de internet y una comunidad *online*. El servicio ofrece a los usuarios la oportunidad de diseñar su propio personaje y personalizar salas de chat con forma de habitaciones de hotel, vistas en proyección isométrica. Además, permite socializar con otros jugadores, hacer nuevos amigos, planificar y asistir a fiestas, cuidar mascotas virtuales, crear y disfrutar de juegos, y completar desafíos emocionantes. Para el año 2020, debido a la situación mundial que se vivió por el COVID-19, muchos de los usuarios que habían abandonado el hotel virtual regresaron permitiendo que el juego volviera a ser muy concurrido y popular como un medio alternativo para pasar la cuarentena. Actualmente hay más de 120 millones de salas generadas por usuarios.

Este segundo canal también fue un fracaso. Aunque quizá no fracasé, porque esos fracasos me dieron experiencia, que es una forma de triunfar, ¿no?

Así que habiendo aprendido qué cosas debía hacer y, sobre todo, qué cosas **NO** debía hacer a la hora de arrancar un canal, por fin en 2014 llegó el turno del canal llamado...

¡SpreenDMC!

Ojo, no es el que conocen hoy en día, sino uno antiguo en el que subía videos random, como recopilaciones de videos para reír (lo típico de gatos que se caen...). También subía montajes de *Minecraft*. Y mi serie más popular: **"Canciones que escuchaste pero no sabés el nombre"**.

Lo que me pintaba subir, lo subía. Sin más. No tenía un objetivo ni un plan maestro. Me dejaba llevar por el gusto de cada momento.

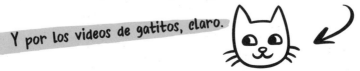

Y por los videos de gatitos, claro.

ME COSTÓ TODO UN AÑO ENTERO, PERO, A PASO DE TORTUGA, POR FIN LOS ALCANCÉ:

No era mucho, pero yo estaba muy feliz de haberlo logrado solo con mi trabajo, sin atajos ni trampas, y encima haciendo lo que me gustaba. Además, todo eso me sirvió para aprender mucho más a editar y hacer cosas nuevas. Era como asistir a clases prácticas para ser youtuber, pero inventadas por mí mismo.

En ese tiempo, cuando yo estaba con mis montajes de *Minecraft*, un youtuber muy conocido de la época por hacer videos de troleos de *Minecraft* empezó a usar mis videos de fondo. El pibe no ponía créditos, así que hacía creer a la gente que él era el que estaba jugando cuando en realidad era YO. Un auténtico falsificador. Muy loco.

El punto es que me contacté con este pibe, que se llamaba Haru, que en ese momento tenía la barbaridad de 350.000 suscriptores. O sea, una locura por aquel entonces, nivel Rubius. Yo me sentía muy chico a su lado, así que quise llegar a un acuerdo con él para evitar que siguiera robándome mis videos. Me dijo entonces que trabajara para él, que le hiciera videos personalizados.

Así que empecé a hacer videos específicos jugando a *Minecraft* para sus bromas. Pintaba bien, ¿no?

PERO NO. FUE UN ERROR. UN GRANDÍSIMO ERROR.

Aprovechando que trabajaba para él y que había cierta confianza, le pedí si podía ayudarme a conseguir rango youtuber en un servidor de *Minecraft* del momento, ya que grababa yo sus videos y ese rango me daba beneficios en el servidor. Me dijo que sí. Le pasé mi contraseña para entrar en *Minecraft*, que era la misma contraseña para mi YouTube... y se lo quedó todo. Nunca me dieron el rango, nunca me promocionó. Un auténtico desastre. Terrible inocente fui.

Entonces empecé a pensar qué podría hacer para darle su merecido. Pensé en mandar un reclamo de *copyright*. Pero el pibe fue más rápido y, para evitar que le tirara los videos, me borró el canal. Me dejó sin nada. En cero. De nuevo, de un día para el otro, volvía a ser un aspirante a youtuber sin canal de YouTube.

La pasé como el orto ese día. Me acuerdo como si hubiera sido ayer. Porque mis 5.000 suscriptores habían volado para siempre.

Capaz que alguien, en mis mismas circunstancias, habría tirado la toalla y se hubiera centrado en otro hobby. No sé, la ornitología, por ejemplo. O la numismática. Cualquier cosa que no fuera un canal de YouTube.

Pero yo no soy así. Creo que, si algo te gusta, tenés que ir por ello. Así que, después de todo aquel quilombo que había vivido con Harugames, al otro día me dije: voy a empezar de nuevo. ¿Qué perdés con intentarlo? Ya era la tercera vez que empezaba de cero. Así que me creé de nuevo un canal.

Y DE VUELTA A INTENTARLO.

El 17 de agosto de 2015, inauguré **SpreenDMC** (o sea, con el mismo nombre, pero la URL tenía un 1 al final). Al menos conservaba una pequeña pero fiel comunidad que me seguía por Twitter, de apenas 300 personas, que celebraron con mucho entusiasmo que regresara a YouTube. Gracias a esto, no empezaba completamente de cero. Al final, la comunidad es lo más importante.

Nunca había subido videos todos los días, pero, ya que empezaba de cero otra vez, me dije que iba a hacerlo a lo grande. Así que empecé con videos diarios, aumenté la calidad del contenido poco a poco y, con el paso del tiempo, logré... ¡mis primeros 10.000 suscriptores! ¿Lo podés creer? Claro que no, porque yo no me lo creía.

Seguí aprendiendo, conocí gente que me ayudó, me invitó a hacer colaboraciones o a participar en eventos, y crecí, **a l c a n z a n d o los 30.000 suscriptores mucho más rápido de lo que había logrado los primeros 10.000.**

Torta por los 10.000 suscriptores que me hizo mi vieja. Esto me motivó aún más para seguir adelante.

Sobre todo el gran impulso me lo dio participar en UHC ELITE, unos torneos de *Minecraft*. No era un jugador extraordinario, pero me defendía. Además, mis videos ya no eran aburridas escenas mías jugando con música de fondo, sino montajes mucho más dinámicos y atractivos.

HABÍA FALLADO..., PERO HABÍA APRENDIDO.

Las horas y horas de esfuerzo daban sus frutos. Y no te imagines que tenía un equipo increíble. Solo tenía ganas y fui constante probando de nuevo.

El 20 de diciembre de 2017 alcancé por fin una cifra de suscriptores verdaderamente importante. Una especie de frontera a partir de la cual ya no te da vergüenza admitir en una cena familiar que hacés videos para YouTube. Llegué a los...

¡100.000 SUSCRIPTORES!

Presented to
SPREENDMC
For passing 100,000 subscribers

▶ YouTube

Una cifra que me había parecido totalmente imposible unos años atrás. YouTube me mandó mi primera placa de plata como premio. Era mi primera distinción oficial. Como esos trofeos que tus papás exhiben con orgullo cuando vienen invitados a casa.

"MIRÁ LO QUE HIZO MI HIJO".

Dicen que si te dedicás 10.000 horas a una actividad lográs ser bastante competente en esa actividad y **tu probabilidad de triunfar aumenta exponencialmente**. No importa que sea tocar el piano, jugar al ajedrez o correr una maratón. Si practicás mucho, te hacés competente. Creo que hay parte de razón en eso, aunque solo sea una parte. Porque también influye mucho la suerte. Y, claro, en mi caso... había sido fundamental haber fracasado y haber sido obligado a empezar desde cero una y otra vez.

Mi vida de youtuber seguía adelante, creciendo cada día un poco más. Y entonces... **todo cambió de la noche a la mañana**. Salió *Fortnite*, un juego que no tardó en destronar a *Minecraft*. La moda cambió y la gente empezó a pasarse a este nuevo juego. Después del lanzamiento de *Fortnite: Battle Royale*, el resto de los juegos empezaron a dejar de tener importancia y, con ello, más youtubers se sumaron a la fiebre generando una bola de nieve. Si no hacías contenido de *Fortnite*, no tenías nada que hacer.

Yo nunca había podido vivir de YouTube y, sinceramente, ni siquiera me lo planteaba. Así que, después de aquel brusco cambio en los gustos de la audiencia, no me molesté en adaptarme y decidí concentrarme en mis estudios, con la idea de cursar una carrera universitaria.

Parecía que mi tiempo de youtuber había pasado, aunque pronto descubriría que no era así. Pero esa es una historia que merece ser contada en otro capítulo.

SIN
HORARIOS

24/7

Alcanzar el éxito en internet es lo más. Quiero decir, imaginá que abrís un restaurante y te convertís en el chef más famoso del mundo. O que hacés una película y ganás un Oscar. O que inventás la cura para una enfermedad que mata a millones de personas en el mundo. O que hacés un libro sobre lo mejor y lo peor de internet y ganás un Premio Nobel de Literatura porque por fin escribís algo que la gente necesita.

Pero conseguir el éxito no es fácil, en absoluto. ¿Sabés cuántas horas llevó escribir esto que estás leyendo? ¿O el video que viste en 10 minutos?

(Ejem, ejem).

SON HORAS Y HORAS DE TRABAJO.

Lo mejor de internet es que podés estar al máximo, todo el día conectado (siempre que no te falle la conexión...). Pero también eso implica que consumimos una gran cantidad de contenido y somos poco conscientes del trabajo que hay detrás.

Entonces llegamos a pensar que todo es muy fácil. Que basta con darle al teclado para escribir un libro o encender la cámara para hacer un video divertido. No, no todo es tan fácil.

LAS COSAS QUE VALEN LA PENA NECESITAN TRABAJO.

Y, a veces, hay que ser consciente de que eso que consumiste en un parpadeo implicó un gran compromiso.

CÓMO LA GENTE CREE QUE SE LLEGA A 7 MILLONES DE SEGUIDORES:

1 → 7.000.000 FOLLOWERS

CÓMO ES REALMENTE:

1→2→3→4→5→6→7→8→9→11→12→13→14→15→16→17→18→19→20→21→22→23→24→25→26→27→28→29→30→31→32→33→34→35→36→37→38→39→40→50→51→52→53→54→55→56→57→58→59→60→61→62→63→64→65→66→67→68→69→70→71→72→73→74→75→76→77→78→79→80→80→81→82→83→84→85→86→87→88→89→90→91→92→93→94→95→96→97→98→99→10→101→102→103→104→105→106→107→108→109→111→112→113→114→115→116→117→118→119→120→121→122→123→124→125→126→127→128→129→130→131→132→133→134→135→136→137→138→139→140→150→151→152→153→154→155→156→157→158→159→160→161→162→163→164→165→166→167→168→169→170→171→172→173→174→175→176→177→178→179→180→180→181→182→183→184→185→186→187→188→189→190→191→192→193→194→195→196→197→198→199→→6.999.994→6.999.995→6.999.996→6.999.997→6.999.998→6.999.999→7.000.000

Mirá, creo que un buen ejemplo es cómo evolucionó mi *set up*. Que, en realidad, es como decir cómo evolucionó mi posición en internet (y, de paso, te cuento cómo sigue la historia de mi ascenso como creador de contenidos, que quedó interrumpida en el capítulo anterior).

Hasta los 14 años, mis viejos solo me dejaban estar una hora con la computadora. Una computadora chota de pantalla cuadrada. Además, me controlaban muchísimo porque mi viejo pensaba que la computadora era el diablo. Se pensaba que, si me pasaba mucho tiempo jugando, al final iba a terminar reloco o convirtiéndome en un francotirador en la escuela o algo así. Se equivocaban. Además, no les funcionó evitar que me pasara 24 horas al día con la computadora porque salí youtuber. No, ahora en serio. Esto te lo digo para que veas lo precarios que fueron mis inicios.

RECORDÁ: que no tengas equipo y tu compu sea lenta no es excusa. Si tenés ganas y pasión, lo demás es secundario. No te olvides de que yo fui *streamer* durante mucho tiempo, literalmente, con la remera que usaba para dormir.

Arranqué con lo mínimo. Con la típica computadora de oficina. Antes de los 50.000 suscriptores, subía montajes muy malos con música y nada más. Después de los 50.000, fueron *gameplays* con una calidad de imagen horrible, sin apenas editar nada.

Mi mayor sueño era llegar a los 100.000 y tener mi placa de YouTube.

Y LO LOGRÉ. Y LO LOGRÉ CON LO MÍNIMO.

Después de terminar la secundaria, regresé a YouTube con ganas de hacer más cosas y de mejor calidad, así que pensé en cómo mejorar mi *set up*. Poco a poco, con la plata que me regalaban para cumpleaños y Navidad, así como el sueldo de algún que otro trabajo que hice, fui ahorrando un poco para comprar una nueva computadora y algunos periféricos. Fui haciéndolo **pieza a pieza**. Y eso hizo que apreciara y valorara mucho más cada pequeña mejora.

Como un tetris.

Sin embargo, mi mayor problema fue que yo vivía literalmente al lado del campo y no tenía buena cobertura de internet. Además, no me llegaba la fibra óptica.

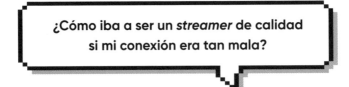

¿Cómo iba a ser un *streamer* de calidad si mi conexión era tan mala?

Por eso me centré tanto y durante tanto tiempo en crear contenido de *Minecraft*. Porque hacer algo más sofisticado implicaba tener cosas que no tenía. Veía que había un techo y que no podía crecer como creador de contenido.

ASÍ QUE UN DÍA EMPEZÓ MI GRAN PLAN.

No hace falta que leas lo de GRAN PLAN con el tono de voz típico de un villano que acaricia a su gato mientras se dispone a dominar el mundo. No se trata de un plan de ese tipo, sino de uno para lograr hacer *streams* de calidad a pesar de mis condiciones precarias.

Sin pensarlo dos veces, lo primero que hice fue lanzarme. Y ahí estaba yo, creando *streams* con la conexión más inestable del mundo. Pero lo compensaba con las ganas que tenía y comprobando en qué momentos del día internet funcionaba un poco mejor, para aprovechar la buena racha. Algunas veces no me quedaba otra que prender el directo a las tres de la mañana, que era cuando internet parecía tener más fluidez, y le ponía todas las ganas del mundo.

Aquel verano en el que empecé a *streamear* fue legendario. Todo dependía de mi conexión inestable y a veces no me quedaba otra que cruzar los dedos. Y así estuve aquellas vacaciones hasta que… ¿volví a clases? No. Llegó la cuarentena debido a la pandemia por COVID-19.

Como todo quedó parado y había mucha incertidumbre, me refugié en lo que había estado haciendo: *streamear* (cruzando los dedos) y jugar por horas a mis juegos favoritos. Realmente me ayudó mucho a nivel psicológico entretenerme así mientras el mundo se detenía, a la espera de que se pudiera controlar la pandemia.

También arranqué la serie **Piolacraft**, que me dio muchísima proyección y visibilidad y, poco a poco, fui creando mi comunidad. Entonces, ya con una buena cantidad de *views* y una comunidad bastante consolidada, probé algo muy loco: decirles a mis viejos si me podía mudar solo. Era una propuesta imposible, porque pensá que ni siquiera me dejaban quedarme solo unos días cuando ellos se tenían que ir de casa. ¡Así que imaginá cómo reaccionaron frente a la idea de irme a vivir solo para siempre!

PERO NO ME RENDÍ. INSISTÍ E INSISTÍ.

Presenté los resultados que iba obteniendo con mis *streams*. Cómo iban creciendo mis ingresos y mi proyección. Y, finalmente, no sé cómo, ellos terminaron aceptando.

¡Milagro!

Por fin me pude mudar solo a un departamento muy sencillo, pero lo mejor de todo era.... **¡que tenía fibra óptica!** Ya tenía internet en condiciones. Era tanta la diferencia que me daba la impresión de que internet iba a la velocidad de la luz. Por fin podía conectarme sin tener que cruzar los dedos. Por fin podía hacer *streams* a cualquier hora y todas las horas que quisiera. Imaginate mi cara de alegría la primera vez que, después de editar un video, solo tardó **veinte minutos** en subir (antes de eso, podía perfectamente estar **diez horas**).

Así que aproveché el momento. Dediqué todo el tiempo que pude a *streamear*. Además, como la cuarentena aún seguía, tampoco podía salir de casa (y millones de personas también estaban en su casa consumiendo más contenidos que nunca). Era la ola perfecta y me subí para surfearla.

El resto de la historia ya la conocés. Aparecieron muchas cosas nuevas, como el *Among Us*, que fue revolucionario en ese momento y me ayudó bastante a crecer como creador de contenido y a colaborar con otros creadores. También empecé a subir videos diarios a mi otro canal, Spreen, sobre toda clase de temas.

Nunca había estado tan enfocado en internet. Pero, claro, eso también hizo que empezara a olvidarme de muchas otras cosas de la vida. Nunca salía de casa, no socializaba. Me despertaba a las tres de la tarde para *streamear* hasta las ocho de la mañana del día siguiente. Tanto es así que incluso la relación amorosa que tenía en ese momento se terminó porque no le estaba dedicando el tiempo que se merecía.

Como si fuera poco, me rompí la rodilla jugando al fútbol. ¡Y eso me motivó más para crear contenido! Total, no podía moverme, así que ¿qué otra cosa podía hacer para pasar el tiempo lo mejor posible?

DE ESTE MODO TERMINÓ MI GRAN RACHA DEL AÑO 2020.

Pero, al arrancar el 2021, la cosa fue incluso más espectacular. Me contactaron de Heretics para unirme a ellos en Buenos Aires. Me mudé a una mansión gigante para crear contenido, situada en un barrio privado, a 400 kilómetros de mi familia. Empezaba así una nueva etapa de mi vida.

Tenía cámara profesional y toda clase de comodidades, así que mis contenidos mejoraron extraordinariamente. Podría decirse que ya era un profesional.

Hasta que un día me invitaron por primera vez a un torneo de *streamers* de grandes ligas: el Squid Craft, organizado por el Rubius.

Y ¿SABÉS QUÉ? GANÉ.

Ni yo lo podía creer. Pero ¡gané! Eso me permitió hablar por primera vez con el Rubius, que era uno de mis máximos ídolos, así que fue un momento que nunca olvidaré. (Y es).

Pasó el tiempo. La casa de Heretics quedó atrás. Y, por mi cuenta, en diciembre me mudé a un departamento de Puerto Madero, en la Ciudad de Buenos Aires.

Arranqué 2022 jugando el torneo Squid Games, organizado por AuronPlay, y mi vida se volvió maravillosa. Porque vivo de lo que quiero y me apasiona. Porque vos estás ahí apoyándome. Siempre. Por siempre.

🔺

Pero... cuidado con los límites.
Lo bueno de internet es que no hay límites.
Pero eso, precisamente,
también puede ser lo malo.

🔺

Las plataformas y las redes sociales están hechas para que nos quedemos ahí el máximo tiempo posible. No es ningún secreto, porque, si todo eso es gratis, ¿cómo logran que sea rentable? Muy fácil: con la publicidad. **A más tiempo, más publicidad.**

Esto no es del todo malo, porque a veces la publicidad también te permite descubrir cosas que nunca hubieras sospechado que necesitabas.

¿Qué tal una pantalla led que muestra emojis? ¿O una almohada con forma de brazo humano para sentir que alguien te abraza por la noche? ¿Un llavero de pepinillos? ¿Un par de medias con la cara de tu mascota? ¿Un disfraz de unicornio para perros o gatos? ¿Un calentador de tazas USB para mantener tu café caliente mientras trabajás en la computadora? ¿Una máquina de pochoclo en forma de robot? ¿Un dispenser de manteca automático? ¿Un sombrero de unicornio con luces led que parpadean alrededor del cuerno?

Algunas de estas ofertas te podrán parecer más o menos útiles, más o menos absurdas, pero... hay gustos para todo, ¿no? Y eso es lo bueno.

La parte oscura de todo esto es que internet puede engancharnos mucho. Nos podemos quedar atrapados ahí, como una mosca en una telaraña, como un mosquito delante de una lámpara ultravioleta. Podés pasarla bien, sí, pero tu vida no puede ser siempre así. Incluso vomitar un arcoíris termina cansando, por muy feliz que parezca el unicornio que lo hace.

Hay veces en las que no podés encontrarte con tus amigos. Otras veces tenés que combinar las tareas de la escuela o la universidad con tu vida como *streamer*. Te volvés un vampiro, literalmente.

(Bueno, literalmente del todo no).

Lo mejor de internet es que no hay horarios. Siempre está abierto. Es el trabajo ideal porque podés ponerte a trabajar a la hora que quieras y terminar a la hora que quieras. Tanto de día como de noche.

Pero lo malo también es eso mismo: que nunca cierra, que siempre estás disponible. Que podés sentir que, si te desconectás, te perdés algo importante.

ES LA LIBERTAD TOTAL FRENTE A LA ANSIEDAD TOTAL.

Por eso hay que saber cuándo poner un freno. De repente ni te diste cuenta y te pasaste tres días sin salir de tu casa y tu familia pensó que desapareciste.

Con tantas distracciones y tentaciones *online* es fácil perder de vista el tiempo y desperdiciar muchas horas navegando en la red. Entonces es recomendable establecer horarios y límites de tiempo para poder enfocarse en otras actividades importantes y mantener una vida equilibrada.

SI NO TE PASÁS, SI TE CONTROLÁS, SI DEJÁS DE SENTIR ANSIEDAD POR ESTAR SIEMPRE *ONLINE*, ENTONCES INTERNET ES EL MEJOR INVENTO DE LA HISTORIA DE LA HUMANIDAD (DECIME SI HAY OTRO MEJOR), PERO SALIR CON LOS AMIGOS TAMBIÉN ESTÁ MUY BIEN.

¿Cómo identificar si te estás excediendo?

- Si notás que te vas durmiendo por los rincones: necesitás dormir 8 horas.
- Si siempre tenés en la mano un dispositivo.
- Si no podés dejar de mirar las notificaciones.

YOUTUBE VS. TWITCH

Recordá que yo arranqué siendo youtuber, cuando el *stream* no era tan conocido. En el 2015-2016, a pesar de no tener suficiente internet, descubrí lo divertido que era interactuar en tiempo real con la comunidad. Mis primeros *streams* eran de mala calidad, pero igual fueron inolvidables.

Y así sigo hasta ahora. Me encantan los directos.

PERO EL PROBLEMA DE INTERNET, COMO TE DIJE, ES LA ANARQUÍA DE LOS HORARIOS. VIVIR AL REVÉS DEL MUNDO.

Y a mí me encanta la comunidad, y la paso genial relacionándome con otros *streamers* como yo. Sin embargo, también me gusta relacionarme con personas por fuera de internet y que no hacen lo mismo que yo. Porque me sirve para despejarme y me permite escuchar otras cosas, no siempre lo mismo. Me gusta formar parte de grupos sociales que no tengan nada que ver con mi trabajo.

También es algo que me pasó con una pareja: fue muy difícil cuadrar horarios para vernos. O ella se veía afectada en sus obligaciones o yo en las mías, porque vivíamos desincronizados. Yo de noche, ella de día. Cuando me iba a dormir, era su hora de levantarse. Si quería estar con ella, entonces estaba cansado o desmotivado. Y viceversa.

Ser *streamer* afecta los vínculos sociales que no son *streamers*. Así que, si querés tener amigos fuera de esto, puede ser un problema.

De verdad que yo intento ajustar mis horarios a los del mundo cotidiano, pero normalmente tiene que ser al revés, y eso a veces es algo duro.

Además, no todo el mundo entiende esta situación. Mis amigos cercanos o quienes conocen cómo funcionan los *streams*, sí. Pero al resto le parece muy raro que tenga que vivir de noche. Que no puedo posponer un directo. Que no puedo dejar una acción. Porque, si lo hago una vez, podría hacerlo más veces. Tengo una responsabilidad. Me lo tomo como un trabajo. No puedo perder la constancia y entrar en un bucle de hacer cada vez menos.

Si querés algo, tenés que luchar por eso. Aunque no sea perfecto. Aunque cueste.

¿QUÉ HAGO MIENTRAS LOS DEMÁS DUERMEN?

12:00 h

- → Me despierto. Arranco viendo Twitter, noticias, etc. A veces reconozco que me engancho con alguna noticia desde el celular sin salir de la cama. Pero es que en la cama se está tan bien. Me encantaría tener una vida mañanera y aprovechar las primeras horas del día, porque es algo que disfrutaba mucho antes de ser *streamer*, pero ahora es imposible.
- → Antes de irme a bañar, pido algo para comer por *delivery*.
- → Almuerzo.
- → Preparo el *stream*, reviso todo, incluso la cámara y la compu, para que salga perfecto.
- → Me pongo algún *stream* antes de arrancar yo, como para calentar.

18:00 h

- → Arranco mi *stream*.

22:00-23:00 h

- → Termino mi *stream*.
- → Ceno.
- → Arranco mi rutina de preparación de proyectos, ideas, *brainstorming*, reuniones con otras personas de mi equipo de trabajo, preparación de otros videos, etc. Y, si me queda tiempo, juego un poco.

Como ves, vivo dos veces el día. A veces tengo que hacer varias cosas a la vez para aprovechar (como comer y enviar audios para algún proyecto). Porque, cuando los demás duermen o están ya descansando de su trabajo, yo siempre estoy haciendo un directo y preparando las cosas para el siguiente día. Y, si no estoy haciendo eso, entonces estoy invirtiendo tiempo en proyectos a largo plazo o charlando con alguien que me puede ayudar o me da nuevas ideas.

Y, de vez en cuando, también me juego alguna partida, como un *Counter* o un *Valorant*, para no estar siempre jugando en directo. Esto lo hago porque me encanta jugar, y no quiero que jugar sea única y exclusivamente trabajo hasta el punto de que un día se me queme la sensación que experimento cuando estoy jugando. Por eso también tengo juegos que no suelo usar en los directos, que me los reservo para jugarlos de una manera más tranquila, con las luces apagadas, comiendo algo. Sí, parece placer, y lo es, pero si te fijás, también es una parte de mi trabajo/productividad: si no jugara, no haría bien mi trabajo.

Todo tiene su parte buena y su parte mala y, aunque tenga que dormir cuando hay sol para crear mientras los demás duermen, no importa:

NO IMPORTA SI ES DE DÍA O DE NOCHE; CUANDO QUERÉS ALGO CON GANAS, NO IMPORTA LA HORA.

Ahora te toca a vos: si querés empezar a crear contenido, tenés que ponerte un horario y cumplirlo. Te propongo algo: escribí tu rutina actual y comparala dentro de un tiempo con lo que hagas entonces. Vas a ver en un futuro lo que hacías antes y cómo avanzaste.

THE
END

LLEGAMOS AL
CAPÍTULO FINAL.

Esta es la despedida. Pero no te te pongas mal, porque va a ser a lo grande. Acá te voy a contar muchas cosas que aún no sabés de mí, algunas recomendaciones extra, y también voy a hacer un pequeño resumen de todos los puntos TOP tratados a lo largo de los capítulos anteriores.

A lo mejor te leíste el libro en diagonal (no disimules). A lo mejor ni siquiera lo leíste y pasaste justo al capítulo final.

O incluso es posible que te hayas leído el libro entero, pero te olvidaste lo más importante:

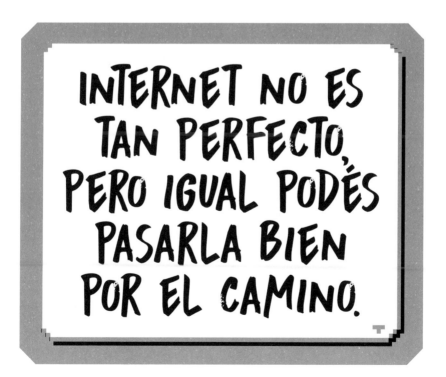

INTERNET NO ES TAN PERFECTO, PERO IGUAL PODÉS PASARLA BIEN POR EL CAMINO.

Como en todo, hay que centrarse en lo bueno, ser consciente de lo malo y ser fiel a uno mismo, que al final es lo que jamás falla.

(Incluso los mejores servers se caen).

Si la pasás bien jugando *online*, no importa que te hayan dejado de lado: hay miles de millones de personas en internet para jugar; encontrá a tus amigos, armá tu propia comunidad. ¿Acaso porque alguien en clase no te habla se acaba el mundo? Ni siquiera que te baneen puede hacer que te rindas si vos no querés.

INTERNET ES (CASI) INFINITA, ASÍ QUE NO TE FRUSTRES NUNCA CUANDO TE SIENTAS SOLO. SIEMPRE HABRÁ GENTE COMO VOS.

O sea, nunca traiciones quién sos. No te dejes influenciar (para mal). Buscá tu estilo. Buscá inspiración en los demás. Pero, al final, imponé quién sos y cómo sos.

Frente a la duda, internet es una fábrica de memes, de bromas, de juegos, de entretenimiento. Divertirte nunca fue tan fácil. Incluso si tenés una mala conexión (yo tardé mucho en tener fibra óptica), toda internet puede entrar en tu casa.

DE VOS DEPENDE APROVECHAR TODO LO QUE ESTÁ BIEN Y SACAR FUERZA PARA QUE NO TE HUNDA LO QUE ESTÁ MAL.

¿Te borran el canal?
CREÁ OTRO.

¿Te banea Twitch?
VOLVÉ CON MÁS FUERZA.

¿Te quedaste sin ideas?
RANQUI, SEGUÍ CON LO TUYO QUE YA VAN A LLEGAR.

¿Tus bromas no hacen reír a todos?
SEGUÍ HACIÉNDOLAS Y ENCONTRARÁS PERSONAS CON EL MISMO HUMOR.

¿Entraste en un modo tóxico?
DESCONECTÁ Y VOLVÉ A CONECTAR EN CUANTO ESTÉS MEJOR.

¿Tenés miedo a crear algo nuevo en internet?
PROBÁ, ¡NO PERDÉS NADA!

Si leíste este libro es porque, a pesar de todo, yo soy yo (me puse filosófico). Y lo fui sin dejar que nadie me cambiara. Con lo mejor y lo peor de mí.

Si me hiciera un test de ADN, seguramente saldrían estos rasgos muy marcados:

ADN ADICCIÓN A LAS PASTAS

Me encantan las pastas. Son mi plato favorito.

ADN PREDILECCIÓN *MINECRAFT*

Descubrí *Minecraft* a los 9 años y me cambió la vida, aunque jugar con mis amigos al *Counter Strike 1.6* también era una experiencia inolvidable. Y siempre que pienso en *Habbo* siento nostalgia.

ADN VIRTUAL

La mitad de mi vida jugué, casi literalmente. Viví casi tanto en el mundo virtual como en la Tierra. Qué loco me parece...

ADN APRENDER

Es muy difícil hacer videos y estudiar a la vez, pero lo logré. Mientras cursaba Diseño Industrial estaba tan cansado que solo tenía ganas de dormir. Pero si me quedaba algo de energía, entonces grababa un video. No hay que dejar de estudiar y de aprender, porque todo me sirvió para mejorar mi forma de crear contenido.

Al final, terminé dejando la carrera igual XD.

ADN IMAGINACIÓN

Spreen es una derivación de *Speed*, "velocidad", que es una palabra que me encanta, y también una evolución del nombre de una empresa imaginaria de autos y otras muchas cosas que yo mismo creé: SpreenD Coorp (sí, de chico imaginaba empresas para divertirme), ya que me gustaba mucho imaginarlas y dibujar sus edificios, y simulaba que jugaba a un juego como lo es hoy el de *Los Sims*.

ADN SER UNO MISMO

Cuando empecé a comentar mis *gameplays*, probé de todo. Guiones, crear un personaje, etc. Probé y probé. Pero ¿sabés qué? Lo que me sale mejor y lo que me hace sentir más cómo es ser, sencillamente, yo mismo, es cuando estoy en un *stream*, porque me comporto y hablo como si estuviera con mis amigos. A veces no hace falta nada más. Solo dejarse llevar y pasarla bien. Eso se termina transmitiendo a tus seguidores.

ADN COME UÑAS

Desde que tengo memoria, me como las uñas. Probé de todo para evitarlo. Hasta uñas postizas. Incluso me puse una sustancia asquerosa en los dedos para que me diera asco comérmelas. Pero no pasó nada, acá sigo, casi sin uñas. Con esto quiero decirte que hay cosas, tanto buenas como malas, que quizá arrastres hasta el fin de tus días. Perdonate un poco, que nadie es perfecto.

ADN HACER DEPORTE

Me encanta el deporte, sobre todo el fútbol. Pero desde que me lesioné me costó retomar. Ahora poco a poco estoy volviendo y arranqué a jugar al pádel.

ADN CROMÁTICO

Mi color preferido es el negro. Y el que me venga a decir que no es un color o que solo es falta de luz tiene razón, pero no lo voy a aceptar.

MOMENTOS ESTELARES DE INTERNET

1969: Primera conexión de computadora a computadora a través de lo que se conoce como ARPANET, la precursora de internet.

1971: El primer correo electrónico se envía a través de ARPANET.

1972: *Pong*, uno de los primeros videojuegos comerciales desarrollado por Atari, se convierte en un éxito inmediato.

1980: *Pac-Man*, de Namco, se vuelve un fenómeno cultural en todo el mundo.

1981: *Donkey Kong* es el juego donde Nintendo presentó al personaje de Mario por primera vez y sentó las bases para muchos juegos futuros de la compañía.

1985: *Super Mario Bros.* fue uno de los primeros juegos de plataformas en *scroll* lateral y es considerado uno de los mejores de todos los tiempos.

1986: *The Legend of Zelda* es un juego de rol de acción desarrollado por Nintendo que sentó las bases para muchos otros juegos de la serie Zelda.

1989: El científico británico Tim Berners-Lee propone la idea de la World Wide Web, un sistema de hipertexto que permite la navegación de documentos interconectados a través de enlaces.

1991: Se publica la primera página en la World Wide Web.

1991: *Sonic the Hedgehog* es un juego de plataformas de Sega con el personaje de Sonic, que se convirtió en uno de los más populares de todos los tiempos.

1993: Se lanza el primer navegador web, Mosaic, que facilita la navegación por la World Wide Web.

1995: La empresa estadounidense Netscape lanza el primer navegador comercial, Netscape Navigator.

1995: Se funda Amazon.com, que permite a los usuarios comprar productos *online*.

1996: *Tomb Raider* es un juego de aventuras y acción que introdujo al personaje de Lara Croft y fue uno de los primeros con una protagonista femenina.

1998: Se crea Google, el motor de búsqueda más popular de la historia de internet.

1998: *Half-Life*, el juego de disparos en primera persona de Valve Corporation, fue muy influyente en la evolución del género FPS.

10/11/2000: Nace Spreen XD.

2001: Se lanza la enciclopedia en línea Wikipedia, que permite colaborar y crear contenido de forma gratuita.

2001: *Grand Theft Auto III*, el juego de mundo abierto de Rockstar Games, revolucionó el género de los juegos de acción y permitió a los jugadores explorar una ciudad enorme.

2003: Se lanza la plataforma de blogs WordPress, que permite a cualquier persona crear un sitio web fácilmente.

2003: Aparece Myspace, una red social para compartir música y conectar con amigos.

2004: *World of Warcraft* es un juego de rol en línea masivo de Blizzard Entertainment, que se convirtió en uno de los juegos de PC más exitosos de todos los tiempos.

2004: Se lanza Facebook, la red social que cambió la forma en que las personas se conectan y comparten información *online*.

2005: Se lanza YouTube, que permite a los usuarios cargar y ver videos. Jawed Karim publica el primer video de la historia de la plataforma, sobre una visita a un zoológico.

2006: Se lanza Twitter, una red de microblogging que permite enviar mensajes cortos y conectarse con otros usuarios.

2007: Se publica "Evolution of Dance", el primer video en alcanzar los 100 millones de vistas en YouTube.

2007: Sale el primer iPhone de Apple, que marca el comienzo de una nueva era en la navegación móvil y el uso de aplicaciones.

2008: Aparece el meme *Rickrolling*, para engañar a la gente y que vea el video de "Never Gonna Give You Up" de Rick Astley.

2009: YouTube comienza a ofrecer videos en alta definición (HD).

2009: Aparece el meme *Trollface* con la imagen de una cara sonriente que se utiliza para representar a un troll *online*.

2010: Aparece Instagram, una red social para compartir fotos y videos que se vuelve increíblemente popular en poco tiempo.

2010: YouTube lanza su servicio de publicidad TrueView, que permite a los usuarios omitir anuncios después de cinco segundos.

2011: *Minecraft*, el juego de mundo abierto de Mojang, permite a los jugadores construir y explorar mundos virtuales con bloques.

2011: Aparece el meme *Nyan Cat*, un video de un gato volando en una tostada con una melodía pegadiza de fondo.

2012: "Gangnam Style", del cantante surcoreano PSY, se convierte en el primer video en alcanzar los mil millones de vistas en YouTube.

2013: YouTube anuncia la creación de YouTube Music Awards, una ceremonia de premiación que reconoce a los artistas más populares de la plataforma.

2015: Se lanza YouTube Red, un servicio de suscripción que ofrece una experiencia sin publicidad, descarga de videos y acceso a contenido exclusivo.

2018: "Despacito", del cantante puertorriqueño Luis Fonsi, se convierte en el primer video en alcanzar los seis mil millones de visitas en YouTube.

2020: YouTube experimenta un aumento significativo de visitas debido a la pandemia por COVID-19.

2021: Recibo el C. A. Awards a *Streamer* Revelación y también al Mejor *Streamer* Variedad.

2022: Primera edición de los premios ESLAND, otorgados por TheGrefg. En la segunda edición, recibí el premio a *Streamer* Revelación.

2022: Recibo el premio a Mejor *Streamer* del Año. LOCURA TOTAL.

2023: Publico mi primer libro.

Y esto es todo. Este capítulo fue a la vez una mezcla de cosas nuevas y una recopilación. Y, como es el último, también es un poco una despedida. Me gustó mucho la experiencia de escribir esto para vos (y que lo leas y hasta que hayas llegado hasta el final). Así que, si te gusta también este contenido en el que ahora me estreno, solo te pido que le des mucho amor en redes sociales. Porque sí, estaría encantado de escribir otro sobre...

HASTA LA PRÓXIMA,

LOS QUIERO.

Spreen de Iván Buhaje
se terminó de imprimir en el mes de febrero de 2024
en los talleres de
Grafimex Impresores S.A. de C.V.
Av. de las Torres No. 256 Valle de San Lorenzo
Iztapalapa, C.P. 09970, CDMX,